U0115904

道 路

新時代中國特色社會主義道路

賀新元　著

目錄

前言

　　2017年7月，習近平總書記在省部級主要領導幹部「學習習近平總書記重要講話精神，迎接黨的十九大」專題研討班開班式上發表重要講話。講話中強調，黨的十九大是在全面建成小康社會決勝階段、中國特色社會主義發展關鍵時期召開的一次十分重要的大會，能否提出具有全域性、戰略性、前瞻性的行動綱領，事關黨和國家事業繼往開來，事關中國特色社會主義前途命運，事關最廣大人民根本利益。我們黨要明確宣示舉什麼旗、走什麼路、以什麼樣的精神狀態、擔負什麼樣的歷史使命、實現什麼樣的奮鬥目標。

　　為了幫助廣大黨員幹部深入學習習近平總書記重要講話精神，人民日報出版社與中國社會科學院馬克思主義理論創新智庫共同策劃了通俗理論讀物《旗幟》《道路》《精神》《使命》《目標》這套叢書，並約請中國社會科學院馬克思主義研究院鄧純東院長、金民卿副院長等專家作為學術指導。中國社會科學院馬克思主義研究院的賀新元、戴立興、楊靜、苑秀麗、曾憲奎等專家在各自研究成果的基礎上，認

真細緻地完成了五本書的撰寫。寫作過程中，鄧純東院長和金民卿副院長對五本書的寫作提綱和寫作內容給予了悉心指導。

書稿完成之際，恰逢黨的十九大勝利召開。本套叢書的編委會和作者根據十九大精神對書稿內容進行了大幅度修改和進一步完善，補充了新的提法和新的精神，並進行了詳細闡述。本套叢書作為馬克思主義中國化時代化大眾化特別是黨建理論的通俗讀物，對中國特色社會主義理論體系和中國特色社會主義道路進行了系統闡述，對黨的發展歷史和黨的精神面貌進行了脈絡梳理，對黨的歷史使命和奮鬥目標進行了深度分析。學習宣傳貫徹黨的十九大精神是當前和今後一段時期全黨全國的首要政治任務，廣大黨員幹部群眾應準確領會把握黨的十九大精神的精髓和要義。本套叢書內容權威、論述全面、語言通俗，能為此提供有益參考。

中國特色社會主義進入了新時代。走進這個偉大的時代，是我們這一代人的幸運。不忘初心，牢記使命，在新時代的征程上，我們更要堅定信心，埋頭苦幹，以永不懈怠的精神狀態和一往無前的奮鬥姿態，繼續朝著實現中華民族偉大復興的宏偉目標奮勇前進。

緒論

　　黨的十九大明確向全黨全國人民和全世界宣示了，中國特色社會主義進入新時代，對「舉什麼旗、走什麼路、以什麼樣的精神狀態、擔負什麼樣的歷史使命、實現什麼樣的奮鬥目標」這一命題，提出了事關黨和國家事業繼往開來、事關中國特色社會主義前途命運、事關最廣大人民根本利益的具有全域性、戰略性、前瞻性的行動綱領。「走什麼路」？毋庸置疑，我們走的還是中國特色社會主義道路。只有走中國特色社會主義道路，才能獲得並不斷擴展無比廣闊的時代舞臺和世界舞臺，才能獲得和不斷吮吸無比深厚的歷史底蘊和文化底蘊，才能獲得和發揮 14 億多人民群眾聚合的創造歷史的偉力，才能獲得和堅定無比強大的前進定力。那中國特色社會主義道路「從何而來」？科學內涵是什麼？世界影響如何？新時代它又「向何處去」？本書試圖作一解答。

一

　　中國道路，具有特定的地域、民族、文化、歷史等內涵。中國道路到底是一條什麼道路？從中華民族歷史和世界歷史發展的整體講，中國道路，就是近代以來在外部持續強壓下，中國共產黨帶領全黨全國各族人民奮力抗爭、突圍，為追求中華民族偉大復興的中國夢而「走」出來、「闖」出來、「幹」出來的一條充滿光明前景的道路。無疑，這條道路包括中國共產黨領導的新民主主義革命道路、中國社會主義改造和革命道路、社會主義建設道路、中國特色社會主義道路。當然，在不同的歷史階段可以有具體的指向和稱呼，在當下，中國道路就是指中國特色社會主義道路。

　　鴉片戰爭以來，中國在積貧積弱中逐步淪為半殖民地半封建社會，中國不少仁人志士前赴後繼加入到救亡圖存運動中，以尋求救國之道。特別是 1911 年，推翻了統治中國幾千年君主專制制度的辛亥革命，更是把中國人民拋進了反帝國主義、封建主義和官僚資本主義的鬥爭旋渦中。舊制度雖沒了，但前進方向還是沒有找到。各種新的制度如君主立憲制、復辟帝制、議會制、多黨制、總統制都走馬換將似的，想過、試過，結果通通不可行。中國到底要向何處去？什麼樣的道路才是適合中國國情的道路？1921 年，歷史選擇了馬克思列寧主義和中國共產黨。應時代而生的中國共產黨從此勇敢地擔負起了謀求民族獨立、人民解放和國家富強、人民幸福的偉大歷史使命和歷史責任，並在一步步完成使命和責任的過程中開闢出一條偉大的中國道路。中國人民苦苦尋求的符合中國獨特的文化傳統、獨特的歷史命運和獨特的國情的道路終於浮出歷史的水面而塵埃落定。

中國共產黨從 1921 年成立始，經過 28 年新民主主義革命，推翻了帝國主義、封建主義、官僚資本主義的反動統治，實現了國家主權和民族的真正獨立與人民解放，建立了人民當家作主的新中國，中國人民從此「站起來」了。

新中國成立後，經過社會主義改造和社會主義革命、社會主義建設，確立了社會主義基本制度，在一窮二白的基礎上建立了獨立的比較完整的工業體系和國民經濟體系，中國人民從此「站穩住了」，進而使古老的中國以嶄新的姿態走上了民族偉大復興的道路。改革開放以來，不斷破除阻礙國家和民族發展的一切思想和體制障礙，繼續走自己的路，開闢了中國特色社會主義道路，大幅度提高了國家綜合國力，提高了人民群眾的物質文化生活水準，為全面建成小康社會、基本實現社會主義現代化奠定了堅實的基礎，中國人民「富起來」了。

黨的十八大以來，中國特色社會主義發展進入新時代。進入新時代的中國共產黨圍繞「堅持和發展什麼樣的中國特色社會主義，怎樣堅持和發展中國特色社會主義」這個重大課題的解決，經過五年來的理論與實踐的良性互動，形成了習近平新時代中國特色社會主義思想，並且在它的指導下取得了改革開放和社會主義現代化建設的歷史性成就和歷史性變革。新時代要書寫的是一部在堅持和發展中國特色社會主義道路上，全面堅持和落實貫徹習近平新時代中國特色社會主義思想，全面建成小康社會、實現中華民族偉大復興中國夢、全面實現社會主義現代化強國，使中國人民「強起來」的輝煌歷史。如果把中國特色社會主義偉大事業比作一篇大文章的話，毛澤東同志領導中國共產黨時期寫下了中國特色社會主義的序篇，鄧小平同志領導中國共產黨時期寫下的是中國特色社會主義的開篇，江澤民同志和胡錦濤

同志領導中國共產黨時期寫下的是中國特色社會主義的美麗續篇,那
進入新時代的以習近平同志為核心的黨中央將領導中國共產黨譜寫中
國特色社會主義更加輝煌的新篇。

二

　　中國共產黨每到關鍵時期,都非常強調「走什麼路」的問題。這
既表現了黨對已選擇和正在走的道路的堅定不移和對未來發展方向的
自信宣示,也體現對未來如何「走」做出新階段新要求新任務的具體
明示。

　　在中國共產黨尋求自己的路的歷史進程中,曾經有過跟在別人後
面「走別人的路」。中國共產黨成立之初,因國際國內的各種主客觀
原因制約,我們在革命道路上主要「以俄為師」。血的教訓換來對革
命規律和道路選擇的進一步認識,走出一條中國特色的革命道路:井
岡山道路和延安道路。新中國成立後,針對在社會主義革命和社會主
義建設中「走什麼路」的問題上,我們黨顯得十分謹慎,毛澤東同志
提出「以蘇為鑑」,要進行馬克思主義與中國具體實際的第二次結合。
改革開放開始,鄧小平同志提出「走自己的路,建設有中國特色的社
會主義」的偉大號召,並且在以經濟建設為中心的社會主義市場經濟
改革中,不斷地開創、推進中國特色社會主義,走出了一條真正屬於
自己的、與西方完全不一樣的社會主義現代化道路。十八大以來,習
近平總書記在國內國際多種重要的場合強調,我們要走自己的路。一
是因為「在中國這樣一個人口眾多和經濟文化落後的東方大國進行革

命和建設的國情與使命，決定了我們只能走自己的路。」[1] 二是我們只有走自己的路，才能真正地「站立在 960 萬平方公里的廣袤土地上，吸吮著中華民族漫長奮鬥積累的文化養分，擁有 13 億中國人民聚合的磅礴之力」，進而才能獲取「具有無比廣闊的舞臺，具有無比深厚的歷史底蘊，具有無比強大的前進定力。」[2] 三是正如習近平總書記在國際上多次強調的「鞋子合不合腳，只有穿的人才知道」，中國革命道路也好，中國建設道路也罷，包括中國特色社會主義道路在內的中國道路是中國人民一步一個腳印走出來的，是中國人民近 100 年「找鞋」「試鞋」的經驗總結，中國道路是中國人民找到的「合腳」之「鞋」。

因此，獨立自主走自己的路是中國共產黨、中華人民共和國立黨立國的根本。回溯中國革命、建設和改革的歷史，主流是在「走自己的路」，但不排除在個別歷史階段經歷過「走別人的路」，或者參照過「別人的路」。古今中外的歷史實踐和結果已證明，但凡跟在別人後面走的國家和民族，是難以走出保持獨立自主發展和快速發展的現代化道路；但凡走在當時前列的國家和民族，無不保持著自己的獨立性且有著自己的特色。

---

1 習近平：〈在紀念毛澤東同志誕辰 120 周年座談會上的講話〉（2013 年 12 月 26 日），《十八大以來重要文獻選編》（上），中央文獻出版社 2014 年版，第 699 頁。
2 習近平：〈在紀念毛澤東同志誕辰 120 周年座談會上的講話〉（2013 年 12 月 26 日），《十八大以來重要文獻選編》（上），中央文獻出版社 2014 年版，第 699 頁。

三

　　改革開放以來，不是有人想在改革開放過程中把中國社會主義引向資本主義，就是有人在不停地給中國社會主義抹黑，說中國改革是「打左燈向右轉」，進而歸納出：改革所開創的中國特色社會主義就是中國資本社會主義、國家資本主義或者新官僚資本主義。前者是直接行動，後者是間接誘導。二者目標非常明確、非常一致，就是想顛覆中國共產黨的領導、顛覆中國社會主義制度。社會主義、共產主義「幽靈」對資本主義的威脅，已經超越《共產黨宣言》所指的「歐洲」地域了。隨著社會主義由理想變成現實，社會主義、共產主義「幽靈」已經在「全世界徘徊」，全世界一切反動勢力自覺地「結成了神聖的同盟」，旨在驅除和消滅這個「幽靈」。

　　習近平總書記多次強調，中國特色社會主義是社會主義而不是其他什麼主義，是科學社會主義理論邏輯和中國社會發展歷史邏輯的辯證統一，是根植於中國大地、反映中國人民意願、適應中國和時代發展進步要求的科學社會主義。[1]

　　中國人民走的是歷史選擇的道路，中華民族走中國特色社會主義道路的歷史性選擇決不會改變。這條道路，不僅能夠不斷滿足中國人

---

1 習近平：〈強調毫不動搖堅持和發展中國特色社會主義，在實踐中不斷有所發現有所創造有所前進〉（在新進中央委員會的委員、候補委員學習貫徹黨的十八大精神研討班開班式上的重要講話），《人民日報》2013 年 1 月 6 日。

民日益增長的美好生活需要，而且是推進世界和平與發展和推動人類命運共同體構建的道路。正如十九大報告所言，中國特色社會主義是科學社會主義在中國煥發出強大生機活力的集中體現，中國特色社會主義道路、理論、制度、文化的不斷發展，拓展了發展中國家走向現代化的途徑，給世界上那些既希望加快發展又希望保持自身獨立性的國家和民族提供了全新選擇，為解決人類問題貢獻了中國智慧和中國方案。

今天，中國特色社會主義進入了一個新時代，一個承前啟後、繼往開來、在新的歷史條件下繼續奪取中國特色社會主義偉大勝利的時代；一個決勝全面建成小康社會，進而全面建設社會主義現代化強國的時代；一個全國各族人民團結奮鬥、不斷創造美好生活、逐步實現全體人民共同富裕的時代；一個全體中華兒女勠力同心、奮力實現中華民族偉大復興中國夢的時代；一個我國日益走近世界舞臺中央、不斷為人類做出更大貢獻的時代。

如何實現「兩個一百年」奮鬥目標、建設社會主義現代化強國、實現中華民族偉大復興中國夢，關鍵在黨。堅持以習近平新時代中國特色社會主義思想為指導，加強和維護黨中央集中統一領導，自覺在以習近平同志為核心的黨中央集中統一領導下，堅決維護習近平同志作為黨中央的核心、全黨的核心的地位，凝聚全黨意志，激發全國各族人民信心，是當前和今後的主要核心任務。

同時，在新時代堅持和發展中國特色社會主義長征路上，要練就「亂雲飛渡仍從容」的戰略定力，培育「不到長城非好漢」的進取精神，勿忘昨日的屈辱歷史和苦難輝煌，無愧今日的歷史性成就和歷史性變革，不負明日的使命擔當和偉大夢想，下定決心，排除萬難，「兩

個一百年」奮鬥目標、建設社會主義現代化強國、中華民族偉大復興中國夢，一個個的目標和夢想一定會如期如質地實現。

因為，中國特色社會主義道路，是中華民族偉大復興中國夢實現的必由之路、唯一之路，是在西方此起彼伏的「唱衰」聲中走出來的一條別人不曾走過或走成的現代化道路，突破了西方對於現代化道路解釋權的壟斷。因為，中國特色社會主義道路的成功背後，有著 40 多年改革開放的偉大實踐，有著 70 年中華人民共和國的持續探索，有著近代以來 170 多年中華民族發展歷程的深刻總結，有著 500 多年世界社會主義思想和實踐發展，特別是蘇東社會主義國家發展的經驗教訓的深刻總結，有著 5000 多年中華民族悠久文明的傳承等如此深厚的歷史淵源和廣泛的現實基礎。總之，中國特色社會主義道路「不是簡單延續我國歷史文化的母版，不是簡單套用馬克思主義經典作家設想的範本，不是其他國家社會主義實踐的再版，也不是國外現代化的翻版。」[1] 也就是說，吸吮著中華民族漫長奮鬥積累的文化養分而發展成型的中國特色社會主義道路，與中華民族 5000 多年文明史、中國人民近代以來 170 多年鬥爭史、中國共產黨 90 多年奮鬥史、中華人民共和國 70 年發展史、改革開放 40 多年探索史，一脈相承，不可割裂。

---

1 習近平：〈在哲學社會科學工作座談會上的講話〉，《人民日報》2016 年 5 月 19 日。

中國特色社會主義道路「如此而來」

　　從中華民族偉大復興視角來看，自鴉片戰爭以來的中國發展歷史進程就可以稱之為中國道路。這條道路的歷史起點就是開啟中國近代史的鴉片戰爭（1840 年）。從這一歷史起點到中華民族偉大復興的實現，以一定歷史階段及其所承擔的歷史任務為標準，中國道路可以做這樣的節點劃分，即中國共產黨成立以前的救亡圖存階段和中國共產黨領導的中國人民「站起來」「富起來」和走向「強起來」階段。這四個階段，就是中國道路環環相扣、層層遞進的歷史與現實的演進，以及對現代文明一般發展規律的體現；就是從整體上把握了中國道路「從何處始」「向何處去」。

　　中國共產黨領導的中國人民從「站起來」「富起來」到走向「強起來」，經歷了革命、建設與改革開放和正在進行的新時代全面深化改革。在這一偉大的歷史進程中，中國共產黨人站在前人在救亡圖存

階段 80 年試錯探索的基礎上，領導全黨全國各族人民，與時俱進地把馬克思主義基本原理與中國具體實際和時代特徵相結合，不斷創新理論，使馬克思主義中國化，相繼形成了毛澤東思想、鄧小平理論、「三個代表」重要思想、科學發展觀和習近平新時代中國特色社會主義思想。在中國化馬克思主義的科學指導下，相繼實現了民族獨立和國家解放、人民和國家的富裕，現正在朝著實現民族振興、國家富強、人民幸福的中華民族偉大復興的偉大夢想奮勇前進。就是在這一歷史進程中，孕育出了一條偉大的中國特色社會主義道路。

第一節　探求救亡圖存之路：失敗、失敗、再失敗

　　走在前列的現代西方把傳統中國遠遠拋落在了後面。所謂的寄宿在資本主義制度上的西方現代文明其實一點也不文明，反而把資本天然帶有的野蠻性和侵略性無限地放大。正是在這種無限放大的野蠻性和侵略性作用下，西方列強用堅船利炮「炸開」了自稱「天朝帝國」中國的大門。從此，中國在落後挨打中不斷地淪為半封建半殖民地社會，中國面臨著亡種亡國的境地。同時，也「炸醒」了中國人民，特別是愛國仁人志士，他們前赴後繼、失敗失敗再失敗地行進在探求救亡圖存的道路上。

一、農民革命追求的未來理想社會在「太平天國」失敗中破滅

　　1840 年鴉片戰爭的失敗和《南京條約》的簽訂，清政府的腐敗無能透徹見底。在外國資本與清政府官僚的雙重壓榨下，中國社會一片哀鴻、民不聊生、民怨沸騰。中國農民無法忍受社會的苦難、朝廷的黑暗統治和外國勢力的橫行跋扈，1851 年，廣西農民揭竿而起，太平天國革命爆發。太平天國革命堅持了 14 年，勢力擴展到 17 省。最後，在外國勢力支持下遭到鎮壓而失敗。單純的農民革命追求的「太平」沒能實現，建立的「天國」慘遭夭折。太平天國革命，作為農民革命，儘管規模在中國歷史上最大，但如同歷史上所有的農民起義一樣，終究逃脫不了失敗的宿命。因為缺乏正確理論指導，沒有先進政黨領導。革命雖失敗，但歷史進步意義猶存，一方面，太平天國革命加速了封建社會的崩潰，延緩了中國殖民化的進程；另一方面，把清王朝上層官僚從「天朝帝國」之夢中驚醒，改良意識產生；再一方面，「太平天國」的《天朝田畝制度》中的理想主義信念與目標[1]催化著 19 世紀後半個世紀的中國人民的鬥爭意識，直到辛亥革命爆發。

---

1 就是要建立一個「有田同耕，有飯同食，有衣同穿，有錢同使；無處不均勻，無人不飽暖」的理想社會。

二、「中體西用」思想指導下的洋務自強運動因甲午戰爭失敗而告終

　　鴉片戰爭後的國內農民起義和帝國主義侵略的雙重挑戰，迫使上層統治者在思想上深度反思。內患消停，媾和西方，朝廷統治上層開明人士欲重樹權威，中興社會，開始把眼光瞄向西方。於是，張之洞、左宗棠等上層精英分子想在恢復舊秩序的基礎上大膽注入新秩序元素[1]，想在西方人的支持下展開自強運動。這是當時比較開明的官僚對國家和民族危機做出的一種「自強」「求富」的政治反映。「中體西用」就是在這種背景下，為「師夷」求「自強」而找到的一個理論支撐點。「中體西用」的全名為「中學為體，西學為用」，意思是指在堅持不變更封建君主專制制度的前提下，以中國儒家思想為主體並作為思想基礎，借鑑學習西方的近代工業和技術並作為輔助的一種旨在推動中國歷史進步的思潮。它順應中國歷史發展的必然趨勢，體

1　這些新秩序元素主要包括：一是機構設置：設總理衙門，進行融入國際體系的外交改良，並引進國際法；設通商大臣，管理對外貿易，並設海關；設同文館，開端中國西式教育，同時大量翻譯研究外國學術思想。二是「中體西用」思想的提出：早期改良思想家馮桂芬於 1861 年提出的「以中國之倫常名教為原本，輔以諸國富強之術」的「中體西用」之思想雛形，後經王韜、鄭觀應等人的發展；到 1898 年，張之洞對「中體西用」做出系統而權威的闡述。從此，「中體西用」思想成為洋務運動的指導思想。三是啟動早期工業化和軍事現代化。當時，先後主要經歷軍事先行，軍工同行，輕工業後隨幾個重要階段。設立的企業先後有：安慶內軍械所，江南製造總局，福州船政局，金陵機器製造局，天津機器局，輪船招商局，開平礦務局，上海機器織布局，電報總局，湖北繅絲局，等等。四是向國外派遣兒童留學求知。經曾國藩和李鴻章提議，選派了 30 名少年學童赴美國留學。1872—1881 年間，共有 120 名學童分四批被遣留洋求學。

現了近代資本主義在中國發展的歷史要求，因而成為洋務運動的指導思想。

在它的指導下，洋務派官員和洋務思想家以及一些士大夫開始大膽接觸「西學」，引進西方先進的科學技術。「中體西用」和洋務自強運動在舊中國社會起著一種「思想解放」的作用，一定程度上促進了中國早期工業和民族資本主義的發展，並開啟了中國近代工業化道路。同時，在近代工業發展中催生了資產階級的產生，孕育出民主政體觀念的萌芽，播下了現代資本主義的種子。

三、「維新變法」、清末新政和君主立憲改良無果而終

清朝上層精英認為，英國之所以能強大成為海上帝國，歸因於其君主立憲制度；鄰國日本之所以能在甲午戰爭中打敗中國，在日俄戰爭中打敗俄國，主要也是在於日本「明治維新」實行君主立憲制。歷史上從來是中國「學生」的日本成為當時中國無比崇拜的「偶像」「老師」。於是，越來越多的中國人被派遣到日本留學，學習日本相關經驗。據統計，截至 1906 年，派往日本的人數達到 13000 人；1902 年至 1904 年，譯著中來自日本的占全部 573 篇著作的 62.2%。君主立憲思想不斷地從日本輸入國內。在向西方學習的過程中，出現社會賢達自下而上的君主立憲運動和國家層面自上而下的君主立憲運動。

甲午戰爭的失敗招來了帝國主義在中國的新一輪擴張與瓜分狂潮，整個中國都成了帝國主義的租借地與勢力範圍，中國陷入更深重的半殖民地狀態。當時，思想界有識之士特別是一些年輕的維新派人士認識到，必須要有一場比自強運動更激進些的制度性改革甚至革

命,方可拯救中國。康有為和弟子梁啟超主張採取俄國彼得大帝和日本明治天皇的方式[1],救亡圖存、變法圖強,以求擺脫帝國主義列強的侵略,探索中國走向獨立、民主和富強之道。康有為和梁啟超在光緒帝支持下發動了僅存活 103 天的維新變法(史稱「百日維新」)。

隨著帝國主義入侵步伐的加快和範圍的擴大,中國的殖民程度在不斷加深。當時,一種瀕於滅亡的感覺和對帝國主義強烈的抵觸與反抗在國人心中與日俱增,在這種社會氛圍中,1900 年爆發義和團運動。1901 年 9 月 7 日,清政府與 11 個侵略國簽訂中國近代史上最不平等的喪權辱國條約──《辛丑合約》,中國的主權喪失殆盡,中國完全淪為半殖民地半封建社會。

1901 年到 1905 年,慈禧太后為力挽快要亡種亡國的頹勢和保證自己的統治地位,親自導演一次所謂的「新政」。「新政」未果,君主立憲改良又來。換湯不換藥的改良,同樣是無果而終。儘管如此,20 世紀初整個中國社會狀況還是有著重大變化:工業化和民主化有了發展,民主共和思想得到傳播,在國家內憂外患中成長起來一批具有強烈的民族責任感和使命感的先進的政治改良力量,並對「中國道路」進行了頑強探索。

從「維新變法」到清末新政再到君主立憲改良,它們的一再失敗充分證明:在半封建半殖民地的中國,倡行溫和的資產階級改良道路,是根本行不通的,君主立憲方案救不了中國;用落後的封建制度去抵抗先進的資本主義,結果只能是一個──淪為半封建半殖民地社會。

---

1 為此,康有為專門著書立說,寫有《日本變政考》和《俄大彼得變政記》兩著作。康曾把這兩本著作呈給光緒帝。

四、封建制度在資產階級辛亥革命中土崩瓦解

歷史推進到這裡，一個革命的資產階級開始真正登上歷史舞臺，資產階級革命即將爆發。中國已無法在其古老的基礎上重建，只有一場革命才有希望使之獲得再生。正如馬戛爾尼勳爵于 1794 年覲見乾隆皇帝後說過的一段預言：

中華帝國是一艘陳舊而又古怪的一流戰艦，在過去的一百五十年中，代代相繼的能幹而警覺的官員設法使它漂浮著，並憑藉其龐大與外觀而使四鄰畏懼。但當一位才不敷用的人掌舵領航時，它便失去了紀律與安全。它可能不會立即沉沒，它可能會像殘舸一樣漂流旬日，然後在海岸上粉身碎骨，但卻無法在其破舊的基礎上重建起來。

國門打開之後，近代西方發生過的一些大革命對中國產生深遠影響，如英國光榮革命、美國獨立戰爭和法國大革命。革命行動與結果為中國仁人志士產生了榜樣作用，革命提出的民主、獨立、人權、平等、自由等思想觀念影響著中國。中國知識階層普遍瀰漫著一種主張用西方思想文化標準改造中國傳統主流思想文化，尤其提倡要與那些引致中國衰弱的思想文化徹底決裂。在君主立憲落空後，民族主義、民主、共和思想成為中國革命性變革的推動力。孫中山的三民主義就是在這樣的背景下誕生的。孫中山的三民主義，觸及半殖民地半封建社會的中樞神經。這是孫中山所宣導的民主革命綱領。三民主義，即民族主義、民權主義與民生主義。三民主義作為中國國民黨革命綱領，其產生源於當時中國社會的基本矛盾和主要矛盾，是孫中山基於客觀歷史實踐活動和西方經驗考察在思想上的主觀總結、概括與提煉。於是，孫中山舉起民族革命的旗幟，竭力宣傳其三民主義革命思想，

主張用武力推翻清王朝，建立一個資產階級民主共和國。

在三民主義指導下，孫中山領導的政治團體經過幾十次的大大小小革命起義，終於在 1911 年 10 月的武昌起義中，把清王朝掃進了歷史的廢墟。1912 年，一個西方式的民主共和國——中華民國建立，這是近代中國歷史上第一個也是唯一的一個資產階級民主共和國。

推翻了封建專制制度的辛亥革命，因中國資產階級先天的軟弱性與妥協性，而無法徹底完成資產階級民主革命的任務。結果既沒有完全消滅封建主義的根基，更沒有完成擔當起反對帝國主義的重任，給中國帶來的只是一個沒有了皇帝的半封建半殖民地社會。

五、資產階級民主共和國剛出生則夭折，旋即進入軍閥混戰局面

辛亥革命不徹底性導致勝利果實被袁世凱竊取。孫中山的許多志同道合者認為，共和國一建立，革命的目標已經完成，將孫中山的「三民主義」中的民權主義和民生主義撇在一邊不顧，只接受反對滿族的民族主義部分內容。這些都為軍閥割據及復辟帝制鋪平了道路。袁世凱就任總統後，背棄共和制度，拋棄孫中山的資產階級共和國的建國綱領，[1] 走上專制獨裁復辟的道路。復辟帝制的鬧劇於 1916 年 6 月 6

---

1 孫中山在革命綱領中為革命道路設計了一個詳盡的「三步走」計畫。第一步為軍政期。在軍政期間，軍政府控制中央與地方的軍政與民政。第二步為訓政期。在訓政期間，成立地方自治政府，民眾選舉地方議會與官員，中央政府仍由軍政府控制。第三步，國家走上憲政之路。訓政期結束，軍政府自行解散，將制定一部新憲法來統治全國。

日因袁世凱暴卒而終止。接下來，由於缺乏一個核心政治人物，在聲討復辟運動中各自獨立的省份產生離心力，各個軍閥為了爭奪權力和擴張地盤而互相攻戰，國家陷入軍閥割據混戰的無序狀態，民國歷史上最黑暗的一段時期開始。[1] 一個皇帝被趕下臺，卻跑來更多的封建軍閥，中國人民仍舊在戰爭、饑餓和貧困中掙扎。中國復又陷入軍閥混戰局面，意味著舊民主主義革命道路走到窮途末路。

自 1840 年以來，在探求救亡圖存道路上，如前所述，經歷太平天國運動、洋務自強運動、戊戌變法、義和團運動，以及孫中山領導的舊民主主義革命等一系列的抗爭運動，中國不同的階級和政治力量，紛紛登上政治舞臺，提出並實踐各式各樣「主義」下的救國方案，有舊式的農民起義、有封建貴族內部的改良、有民族資本主義的改良、有資產階級的民主革命。然而，這些「主義」與「運動」遭受一次又一次的失敗，都未能把中華民族和中國人民從積貧積弱、任人宰割的悲慘境況中解救出來。但這些嘗試與努力沒有白費，對「道路」進行了不斷試錯式的探索，儘管這種方式付出了血與生命的極大代價，卻換來了對「道路」的深刻認識和正確道路的選擇。那救亡圖存的道路又在何方？

---

1 民國軍閥割據與混戰從 1916 年開始一直延續到 1927 年。

第二節　革命救國和自主建國之路：中國人民從此站起來了，且站穩住了

　　儘管告別了過時的政治體制，往昔的陰影卻繼續沉重地支配著社會習俗和思想生活。政府改頭換面了，但它的精神實質還與過去一樣：貪污腐敗、軍閥割據、恢復帝制的妄想和混亂失控的情況比比皆是。民國的創立並未帶來人們期望的和平與秩序，於是，中國的知識份子逐漸認識到，孫中山式的資本主義民主革命不足以革新中國，如果不進行一場更為徹底的思想變革和社會革命，就不可能有良好的政府和進步的社會。對此，毛澤東同志曾有過精闢的描述，他說：「西方資產階級的文明，資產階級的民主主義，資產階級共和國的方案，在中國人民的心目中，一齊破了產。」[1]中華民族實現偉大復興，還需要有更科學的理論以及在此理論指導下的革命行動。正在迷茫之時，「十月革命」一聲炮響，給中國送來了科學理論──馬克思列寧主義，並於 1921 年誕生了中國共產黨。從此，中華民族的命運開始了歷史性的變化，古老東方大地將有一縷曙光噴薄而出。

　　可以說，沒有之前 80 年的艱辛探索，也就很難有歷史與人民對馬克思主義和中國共產黨的選擇，或者至少還得在黑暗中繼續很長時間的摸索。

1《毛澤東選集》第 4 卷，人民出版社 1991 年版，第 1471 頁。

一、在推翻帝國主義、官僚資本主義、封建主義的革命救國路上，中國人民站起來了

在馬克思看來，「與外界完全隔絕曾是保存舊中國的首要條件，而當這種隔絕狀態通過英國而為暴力所打破的時候，接踵而來的必然是解體的過程，正如小心保存在密閉棺材裡的木乃伊一接觸新鮮空氣便必然要解體一樣。」[1] 如何抓住「解體」機會，建立全新社會？孫中山先生式的舊民主主義革命做出了歷史性貢獻，用激烈的暴力革命方式推翻帝制和舊的上層建築。其榜樣作用就是在中國社會內部產生出一種用革命手段改天換地的強烈願望和巨大能量，最為集中地體現於對馬克思列寧主義的接受和中國共產黨的誕生。「中國產生了共產黨，這是開天闢地的大事變。這一開天闢地的大事變，深刻改變了近代以來中華民族發展的方向和進程，深刻改變了中國人民和中華民族的前途和命運，深刻改變了世界發展的趨勢和格局。」

中國共產黨的誕生，標誌著中國革命進入一個新紀元，新民主主義革命開始（新民主主義革命是相對于孫中山領導的舊民主主義革命）。對於中國革命，毛澤東根據中國半殖民地半封建的社會性質，認為必須分兩個步驟：第一步，反對帝國主義、封建主義和官僚資本主義，改變半殖民地半封建的社會形態，使中國成為一個獨立的新民主主義國家，完成這一步需要進行新民主主義革命；第二步，在新民主主義國家的基礎上，使革命向前發展，通過社會主義革命，建立一個社會

---

[1] 習近平：〈在慶祝中國共產黨成立 95 周年大會上的講話〉，《人民日報》2016 年 7 月 2 日。

主義制度，使中國成為一個社會主義國家。在新民主主義革命中，面對軍閥割據混戰和列強帝國，剛誕生的中國共產黨自知力量不夠、資歷尚淺，經蘇聯共產黨牽線撮合，與國民黨開始了歷史上的第一次合作，大革命開始。這場為各自利益而結合的「國強共弱」的暫時合作註定要以國民黨鎮壓共產黨而破裂，1927 年大革命失敗。這次破裂和大革命失敗，使中國共產黨從思想上逐漸意識到武裝力量、革命領導權與依靠力量之於中國革命的重要性。1927 年 8 月 1 日，共產黨領導的軍隊在南昌起義，打響了武裝奪取政權的第一槍。南昌起義標識著中國共產黨堅持革命的決心，但這只回答了大革命失敗後還要不要革命的問題。如何革命的問題，即走什麼樣的革命道路問題，還沒有得到根本解決，沒有從「城市中心論」的迷霧中走出來。從 1927 年大革命失敗到 1929 年年底，黨在全國各地領導包括秋收起義、廣州起義在內的 200 多次武裝起義，但絕大多數都失敗了。血的教訓、生命的代價教育了年輕的中國共產黨：俄國「城市中心論」革命方式在中國根本行不通，中國只能在馬列主義指導下結合中國社會特點，探尋自己的革命道路。從此，中國革命開始了由大革命失敗到土地革命戰爭興起的歷史性轉變。秋收起義後，毛澤東率部隊來到井岡山，開闢井岡山革命根據地。1931 年，中國共產黨在江西瑞金建立了中華蘇維埃政權，走出了一條農村包圍城市、武裝奪取政權的井岡山革命道路。

為了扼殺新政權、消滅共產黨，蔣介石領導的獨裁政權不斷地對根據地進行圍剿。中國共產黨領導的紅軍被迫戰略大轉移，進行兩萬五千里長征。長征猶如一根紅色飄帶，從南至北、從東向西、從漢族地區到少數民族地區，沿途播撒革命火種，宣傳革命思想，擴大群眾基礎。1937 年 7 月 7 日，日本全面侵華，抗日戰爭全面爆發。日本全

面侵華致使中日民族矛盾成為首要的矛盾，階級矛盾退位二線。為了民族利益，剛走完長征到達到陝北，與陝北革命根據地匯合的紅軍，立即奔赴抗日前沿，並力促與南京政府「握手言和」，開啟第二次國共合作，形成抗日民族統一戰線，共同抗戰。中國共產黨在 8 年一邊積極抗日、一邊應對蔣介石軍隊的攻擊中，走出一條延安革命道路。延安革命道路是井岡山革命道路的延伸。延安革命道路，不僅消耗了國民政府的軍事勢力和民心實力，壯大了共產黨的軍隊和黨組織的力量以及民心實力，而且最終贏得了抗戰勝利。1945 年 8 月 15 日，日本正式宣告投降。

　　抗戰勝利，並沒有帶來和平建國。抗戰勝利後，民族矛盾解決了，階級矛盾又上升為主要矛盾。抗戰一結束，國共兩大政治力量的合作宣告終結，其他各種力量也迅速分化，各找宿主，紛紛納入「兩個中國之命運」的政治較量中。「得道者多助，失道者寡助」，歷來如此。同情、傾向共產黨的力量明顯大於國民黨。1945 年，和平建國失敗，蔣介石公然發動全面內戰。4 年內戰，經過遼瀋戰役、淮海戰役和平津戰役三大戰役，國民黨的主要軍事力量基本被消滅了。1949 年 4 月 21 日，解放軍橫渡長江，24 日佔領南京。[1]1949 年 9 月 21 日，

---

1 解放戰爭中，解放軍為什麼能戰敗軍事力量強大的國民黨軍隊？原因恐怕離不開以下幾點：一是國民黨軍隊經八年抗戰已成為一支疲憊不堪的隊伍，能支撐到抗戰勝利主要依靠著一種民族主義、愛國主義和對盟軍即將勝利的憧憬。二是八年抗戰勝利使國民黨軍隊產生一種解脫和完成使命感，多數不願與共產黨再打一場內戰，都期盼著刀槍入庫，馬放南山。三是中國共產黨在抗戰期間大大擴充了軍事力量，抗戰勝利後，更是生氣勃勃、鬥志昂揚，對前途充滿信心。四是國民政府沒有了威信，失去了民心，而支持同情共產黨的民心大漲。

毛澤東同志在中國人民政治協商會議第一屆全體會議上發表了＜中國人民站起來了＞的開幕詞。1949 年 10 月 1 日，中華人民共和國宣佈建立。中華人民共和國成立，只是標誌著中國新民主主義革命勝利，建立的只是新民主主義國家。為了穩固政權，中國共產黨進行以土地革命為主的各項社會改革，開展了三年的國民經濟恢復。到 1952 年，中國的工農業生產不僅達到了抗戰前的最高水準，而且超過了 1949 年產量的 77.5%。三年國民經濟恢復和土地改革的成就促使新民主主義革命轉入社會主義革命階段。

具體到如何完成從新民主主義社會向社會主義社會過渡與轉變，黨中央提出一條總路線。1953 年 6 月，毛澤東在中央政治局會議上對過渡時期的總路線和總任務做了比較完整的闡述。1954 年 2 月，中共七屆四中全會通過決議，正式批准這條總路線。同年 9 月，第一屆全國人民代表大會第一次會議通過的《中華人民共和國憲法》把總路線作為國家在過渡時期的總任務和總綱。這條總路線的基本內容是：要在一個相當長的時期內逐步實現國家的社會主義工業化，並逐步實現國家對農業、手工業和資本主義工商業的社會主義改造。從 1952 年下半年至 1956 年，新中國僅僅用了 4 年時間，完成了把生產資料私有制轉變為社會主義公有制，社會主義革命任務完成，實現了中國歷史上最深刻、最偉大的社會變革，為中國社會主義現代化建設奠定了基礎。從此，我國社會主義基本制度建立，進入到社會主義初級階段。

二、在西方封鎖中的自主建國路上，中國人民站穩住了

1956 年社會主義改革完成之後，中國怎麼全面建設社會主義？中國沒經驗，蘇聯經驗也顯示出不足與失誤。同時，以美國為首的西方

國家對新中國採取政治上「孤立」「遏制」，經濟和技術上「封鎖」「禁運」的政策，企圖借此扼殺新生的中華人民共和國政權。為此，在社會主義建設上，以毛澤東同志為核心的第一代中央領導集體根據世情、國情，提出「以蘇為鑑」，要進行馬克思列寧主義同中國實際的「第二次結合」，不能全盤照抄照搬外國經驗，新中國必須走出一條自己的道路。在探索社會主義建設的 20 年（1956—1976）中，雖歷經嚴重曲折，但在理論創新上和各方面的社會主義建設實踐中也取得巨大成就。這些成就保證著中國人民不僅站起來了，而且站穩住了。

（一）在社會主義建設理論創新上，提出和形成了以「第二次結合」思想為核心的一系列思想觀點

根據「一五」計畫實施的經驗教訓和蘇共二十大蘇聯暴露的錯誤和缺點，以毛澤東同志為核心的第一代中央領導集體決定「以蘇為鑑」，走一條中國式的社會主義發展道路，並明確提出馬列主義基本原理同中國具體實際「要進行第二次結合，找出在中國怎樣建設社會主義的道路。」[1] 在探索「第二次結合」過程中提出了許多建設社會主義的觀點和重要思想。提出了中國的社會主義階段論，認為「社會主義這個階段，又可能分為兩個階段，第一個階段是不發達的社會主義，第二個階段是比較發達的社會主義。後一階段可能比前一階段需要更長的時間。」[2] 提出四個現代化的社會主義建設的戰略目標論和「兩

---

1 參見吳冷西：《憶毛主席——我親身經歷的若干重大歷史事件片段》，新華出版社 1995 年版，第 9 頁。
2 《毛澤東文集》第 8 卷，人民出版社 1999 年版，第 116 頁。

步走」發展戰略:第一步,建成一個獨立的比較完整的工業體系和國民經濟體系;第二步,全面實現農業、工業、國防和科學技術的現代化,使中國的經濟走在世界前列。提出中國式社會主義工業化道路理論,如正確處理重工業、輕工業和農業的關係,以農、輕、重為序發展國民經濟;在優先發展重工業的條件下,堅持工業和農業並舉、重工業和輕工業並舉、中央工業和地方工業並舉、大中小企業並舉、洋法生產和土法生產並舉、沿海工業和內地工業並舉、經濟建設與國防建設並舉等「兩條腿」走路的方針;正確解決好綜合平衡的問題,處理好積累和消費、生產和生活的問題,處理好國家、集體和個人的關係,統籌兼顧,適當安排。提出社會主義經濟建設要大力發展商品生產、商品交換,要尊重和發揮價值規律的作用,要有綜合平衡發展的思想。提出社會主義民主政治建設的目標就是「要造成一個又有集中又有民主,又有紀律又有自由,又有統一意志、又有個人心情舒暢、生動活潑,那樣一種政治局面」。[1] 提出社會主義文化建設必須堅持馬克思主義指導地位,實行「雙百」「雙為」方針;對古今中外的優秀文化實行古為今用、洋為中用、推陳出新的方針等。提出在執政條件下努力加強共產黨自身建設。提出社會主義外交上的「三個世界」劃分理論[2],為我國活躍於國際政治舞臺提供了理論依據,等等。

---

1 《毛澤東文集》第 8 卷,人民出版社 1999 年版,第 293 頁。

2 毛澤東同志提出的這一思想萌芽於 20 世紀 40 年代的「中間地帶論」思想,雛形於 20 世紀 60 年代的中間地帶論外交戰略,形成於 20 世紀 70 年代。1974 年 2 月 22 日,毛澤東同志在會見尚比亞總統卡翁達時首次公開提出這一思想。1974 年 4 月 10 日,鄧小平同志在聯合國大會第六屆特別會議上發言,全面闡述了毛澤東同志關於三個世界劃分的理論。

（二）在社會主義建設實踐中，許多領域取得了巨大成就

建立了獨立的較為完整的工業體系和國民經濟體系。1956 年中共「八大」提出，要建立一個完整的工業體系。1980 年前，基本建成一個獨立的比較完整的工業體系和國民經濟體系，從而使中國從落後的一個農業國發展為世界六大工業國之一。工業產值占工農業總產值的比重從 30% 增加到 72%；[1] 從 1952 年（那時中國的工業產量已經恢復到戰前最高水準）到 1976 年期間，中國的鋼產量從 130 萬噸增長到 2300 萬噸；煤從 6600 萬噸增長到 4.48 億噸；發電量由 73 億度增加到 1330 億度；原油由實際上等於零增加到 8400 萬噸；化肥產量由 20 萬噸增加到 2800 萬噸；水泥產量由 290 萬噸增加到 4930 萬噸。[2] 研究毛澤東的美國學者莫里斯·梅斯納稱：「儘管曾經存在這樣那樣的失敗和挫折，毛主席時代是中國現代工業革命時期這一結論是不可避免的。」

教育文化衛生等社會建設成就巨大。中國科技人員數量從 1949 年少得可憐的 5 萬人（1952 年有 42.5 萬人）增加到 1966 年的 250 萬人，到 1979 年增加到 500 萬人以上，這些人當中的 99% 是在 1949 年以後培養出來的。[3] 中國國民收入在 1952 年至 1978 年期間增加了 4 倍，即從 1952 年的 600 億元增加到 1978 年的 3000 億元，而工業在增加的國

---

1 馬洪，孫尚清編：《中國經濟結構問題研究》第 1 卷，人民出版社 1981 年版，第 25—26 頁。

2 資料轉引自莫里斯·梅斯納著的《毛澤東的中國及其發展——中華人民共和國史》第 22 章：〈毛澤東時代的諸遺產〉，社會科學文獻出版社 1992 年版。

3 于光遠編：《中國社會主義現代化建設》，外文出版社 1984 年版，第 644 頁。

民收入中所占的比例最大。人均國民收入指數（以不變價格計算）從 1957 年的 217 增加到 1978 年的 440。[1] 政府大量增加了教育設施和受教育的機會，掃除了大量的文盲，並且建立了比較完整的衛生保健制度（受到國際衛生組織的高度評價與讚揚）。中國人均壽命幾乎翻了一番，從 1949 年以前的 35 歲增加到 20 世紀 70 年代中葉的 65 歲。

外交上取得重大成就。中美關係緩和，中日恢復邦交，中華人民共和國恢復在聯合國合法地位，與第三世界國家保持著兄弟般關係。

在國防建設上，我國獨立自主地研製了原子彈、氫彈、人造衛星、遠端運載火箭等戰略武器，培養鍛煉了一支堅強的善於攻關的國防科技隊伍。特別是「兩彈一星」在當時成為國家安全的定海神針。

1956 年至改革開放前的理論創新、制度創新、實踐創新，以及在建設中遭遇的挫折，為之後中國特色社會主義的開創進行了探索和奠基。取得的成就為改革開放後的經濟起飛和實現社會主義現代化強國奠定了物質基礎、人力基礎、科技基礎、國防基礎，提供了理論準備和寶貴經驗。遭遇的挫折為改革開放後的中國特色社會主義的成功開創提供了鏡鑑之用。

---

1 拉迪：《中國現代經濟發展中的農業》，劍橋大學出版社 1983 年版，表 1.1，第 2 頁。

第三節　改革開放中的經濟興國之路：
　　　　中國人民富起來了

　　路走彎不怕，怕的是一頭走到黑。中國共產黨對錯誤的自我修正能力歷來很強。1978 年，我黨果斷地結束「以階級鬥爭為綱」的「左」的路線，把走彎的路扳回到正確軌道，開啟「以經濟建設為中心」的改革開放。毛澤東同志曾說過，錯誤與反面教材是最好的教員。1957 年到 1976 年，社會主義建設中走過的彎路，為十一屆三中全會確立的改革開放提供了一份非常有教育與矯正意義的教材。從此，中國開創出了一條與社會主義初級階段相適應的中國特色社會主義道路。這條道路在改革開放中產生、發展與完善。中國特色社會主義道路並不是一直一帆風順。在 20 世紀 80 年代末 90 年代初，處在歷史性改革運動中的社會主義國家，面臨著一次發展道路的重大選擇。走新自由主義思潮主導的自由市場經濟模式，走社會民主主義思潮主導的各類社會市場經濟模式，還是走馬克思主義主導的社會主義市場經濟模式，不同的選擇導向不同的命運。蘇聯、東歐社會主義國家選擇了新自由主義思潮主導的自由市場經濟模式，導致國家解體、紅旗落地。中國選擇了馬克思主義主導的社會主義市場經濟模式，最終以社會主義制度與市場經濟的有機結合為主線，形成中國特色社會主義道路，並使中國人民富起來了。

一、鄧小平與中國特色社會主義道路開創

　　1978年12月召開的十一屆三中全會，使以毛澤東同志為核心的第一代中央領導集體對社會主義建設道路的探索，跨入了一個嶄新的歷史階段。以鄧小平同志為核心的第二代中央領導集體，接過第一代中央領導集體的接力棒，在和平與發展已替代戰爭與革命成為時代主題的新的歷史條件下，領導全黨和全國人民開啟改革開放這一偉大的「第二次革命」。以前30年經驗教訓為鏡，圍繞著「什麼是社會主義，怎樣建設社會主義」這一首要的基本問題，「摸著石頭過河」，蹚出了一條有中國特色的社會主義道路。這是一種具有開拓和創新性質的全新的探索。改革序幕全面拉開。十一屆三中全會確立黨的工作重心由「以階級鬥爭為綱」向以「經濟建設為中心」轉移，中國改革開放序幕全面拉開。鄧小平同志在1979年3月黨的理論工作務虛會上指出：「搞建設，也要適合中國情況，走出一條中式的現代化道路」；[1] 黨的十二大提出「走自己的路，建設有中國特色的社會主義」，[2] 中國特色社會主義進入開創時期。

　　改革首先從農村開始。過去搞革命，我們走的是農村包圍城市的道路。[3] 現在搞改革也要適合中國國情，首先從農村、農業開始。農業是我國國民經濟的基礎，農業以及農村的穩定和發展是社會穩定和發展的基礎。正如鄧小平同志指出的：「中國人口的百分之八十在農村，

---

1 《鄧小平文選》第2卷，人民出版社1994年版，第163頁。
2 《鄧小平文選》第3卷，人民出版社1994年版，第3頁。
3 《鄧小平文選》第2卷，人民出版社1994年版，第163頁。

如果不解決這百分之八十的人的生活問題，社會就不會是安定的。工業的發展，商業和其他經濟活動，不能建立在百分之八十的人口貧困的基礎之上。」[1] 於是，我們的改革首先在農村開展以家庭聯產承包責任制為主要內容的農村經濟體制改革。這一過程也被國內學者按中國革命進程的特點，形象地稱之為「第二次農村包圍城市」。

鄉鎮企業在農村改革中異軍突起。家庭聯產承包責任制大大解放和發展了農村生產力，促使農村鄉鎮企業異軍突起。鄉鎮企業，是中國農民在探索農村社會主義道路中的一個偉大創舉。鄉鎮企業從 1983 年開始進入發展快速道，到 1990 年，我國鄉鎮企業從業人數達到 9265 萬人，占農村勞動力的 22%。1983 年到 1991 年，我國鄉鎮企業總產值從 1000 億元增長到 1.1 萬億元。鄉鎮企業的迅速發展，改變了農村經濟格局，為農村剩餘勞動力從土地上轉移出來，為農村致富和逐步實現現代化，為促進工業和整個經濟的改革和發展，開闢了一條新路。

「兩次飛躍」勾勒出中國社會主義農業現代化路徑。基於中國人多耕地少的實際情況，以及作為社會主義國家必須堅持「一個公有制占主體，一個共同富裕」[2] 兩條根本原則，鄧小平同志強調，「我國農業現代化，不能照抄西方國家或蘇聯一類國家的辦法，要走出一條在社會主義制度下合乎中國情況的道路。」[3] 這條道路，必須既要符合我國的實際情況，又要堅持社會主義制度。實行家庭聯產承包為主的責

1《鄧小平文選》第 3 卷，人民出版社 1993 年版，第 117 頁。
2《鄧小平文選》第 3 卷，人民出版社 1993 年版，第 111 頁。
3《鄧小平文選》第 3 卷，人民出版社 1993 年版，第 362 頁。

任制只是中國社會主義農村發展過程中的一個權宜政策,從長遠計,是與社會主義本質不相屬的。這一點,鄧小平同志看得非常清楚,頭腦也非常清醒,也一直在思考這個問題。1990 年 3 月,鄧小平同志終於考慮成熟並和盤托出了中國農業發展現代化問題,他提出:「中國社會主義農業的改革和發展,從長遠的觀點看,要有兩個飛躍。第一個飛躍,是廢除人民公社,實行家庭聯產承包為主的責任制。這是一個很大的前進,要長期堅持不變。第二個飛躍,是適應科學種田和生產社會化的需要,發展適度規模經營,發展集體經濟。這又是一個很大的前進,當然這是很長的過程。」[1] 把發展適度規模經營和發展集體經濟結合起來,走集體化、集約化的道路,最終實現「第二次飛躍」的思想,既是對十一屆三中全會以來中國農業和農村改革成果的積極肯定,又是對 21 世紀中國社會主義農業和農村改革方向的科學展望與路徑設計。這是實現中國社會主義農業現代化的必由之路。

改革從農村擴延到城市。1984 年 10 月,黨的十二屆三中全會召開。會議通過《中共中央關於經濟體制改革的決定》,標誌著我國改革從農村向城市擴延。《決定》是歷史上第一個指導中國經濟體制改革的綱領性文件,啟動了城市改革,也稱之為「全面改革的藍圖」。十二屆三中全會的召開「意味著中國將出現全面改革的局面」。[2] 全會以後,一場更廣泛、更深刻的經濟體制改革的浪潮,在中國大地上全面開展起來,農村的改革推動了城市經濟體制的改革。城市經濟體制改革,中心環節是全民所有制企業的制度改革或經營方式的改革,其

1《鄧小平文選》第 3 卷,人民出版社 1993 年版,第 355 頁。
2《鄧小平文選》第 3 卷,人民出版社 1993 年版,第 78 頁。

主要形式：一是企業承包經營責任制；二是租賃制；三是企業領導體制的改革。

改革不僅僅是經濟體制改革，而是涉及各方面的改革。改革並不只是從經濟領域單兵突進。在經濟體制改革取得巨大成就的同時，科學技術體制和教育體制改革也取得很大進步。政治體制改革也在跟進，在有些領域取得重大進展。如，在黨和國家領導制度上，1980 年 2 月，黨的十一屆五中全會決定恢復「八大」時設立並在「文化大革命」前被證明是行之有效的中央書記處，設立顧問委員會、紀律檢查委員會；改主席制為黨總書記制，總書記作為中央委員會的成員之一，主持中央書記處工作。在國家政權體制方面，1982 年 12 月，五屆人大五次會議通過了新憲法，擴大了全國人大常委會的職權，並在縣級和縣以上的地方人大設立常委會，擴大了地方國家權力機關的立法權。1982 年國務院系統進行了較大規模的機構改革，旨在克服官僚主義，提高工作效率。在國家幹部體制方面，提出了幹部革命化、年輕化、知識化、專業化的戰略方針。

提出實現區域平衡協調發展的「兩個大局」戰略思想。中國地區差異非常大，從南至北，從東到西，生產力級差特別大且特別明顯。因此，不平衡發展是中國建設社會主義必須面對的一個實際和常態的問題。如何在不平衡中促進中國整體進步與發展，最終實現中華民族偉大復興與社會主義現代化，這需要從頂層從戰略上有所考慮有所設計才是。經過長期思考，1988 年 9 月，鄧小平同志明確提出「兩個大局」戰略思想，即「沿海地區要加快對外開放，使這個擁有兩億人口的廣大地帶較快地先發展起來，從而帶動內地更好地發展，這是一個事關大局的問題。內地要顧全這個大局。反過來，發展到一定的時候，

又要求沿海拿出更多力量來幫助內地發展，這也是個大局。那時沿海也要服從這個大局。」[1]「第一個大局」隨改革開放開始在不斷深化，什麼時候提出且如何實現「第二個大局」？1992 年 1 月，鄧小平同志在南方視察時明確指出：「什麼時候突出地提出和解決這個問題，在什麼基礎上提出和解決這個問題，要研究。可以設想，在本世紀末達到小康水準的時候，就要突出地提出和解決這個問題。到那個時候，發達地區要繼續發展，並通過多交利稅和技術轉讓等方式大力支持不發達地區。不發達地區又大都是擁有豐富資源的地區，發展潛力是很大的。」[2]

提出實現祖國完全統一的「一國兩制」偉大構想與路徑選擇。新中國一成立，就面臨一個國家統一的問題，其中涉及香港與澳門的回歸問題和臺灣問題，這些都是歷史上遺留下來的。如果不能解決這些問題以實現國家完全統一，中華民族偉大復興和社會主義現代化實現就是虛的。當然，統一有各種具體實現形式，有和平方式，有武力方式，這需要根據具體情況來定。出於對整個國家民族利益與前途的考慮，本著尊重歷史、尊重現實、實事求是、照顧各方利益的原則，鄧小平同志提出了「和平統一、一國兩制」戰略構想。在這一思想指導下，1997 年 7 月 1 日香港回歸祖國，1999 年澳門回歸祖國。

圍繞「什麼是社會主義，怎樣建設社會主義」這一基本問題的思考與解決，在上述的一系列富有成效的實踐中，開創出建設有中國特色社會主義的新局面，逐步形成了中國特色社會主義道路的基本內涵：

1《鄧小平文選》第 3 卷，人民出版社 1993 年版，第 277—278 頁。
2《鄧小平文選》第 3 卷，人民出版社 1993 年版，第 373—374 頁。

提出了社會主義初級階段和黨在社會主義初級階段的基本路線，提出物質文明與精神文明「兩位一體」的社會主義總體佈局（為後面的「三位一體」「四位一體」和「五位一體」的總體佈局的形成奠下基礎），提出了社會主義本質論，提出了我國「三步走」實現現代化戰略目標和戰略步驟。

二、江澤民與中國特色社會主義道路推進

1989 年 6 月 23 日―24 日召開的中共十三屆四中全會選舉江澤民同志為中央委員會總書記。江澤民同志帶領全黨全國各族人民共同推進中國特色社會主義道路走上新的發展階段。

在鄧小平南方談話精神指導下，江澤民同志正式把社會主義市場經濟體制作為我國經濟體制改革的根本目標。黨的十四大正式確定了我國經濟體制改革的目標是建立社會主義市場經濟體制。1993 年 11 月 14 日黨的十四屆三中全會通過《中共中央關於建立社會主義市場經濟體制若干問題的決定》。《決定》著重強調社會主義市場經濟體制是同社會主義基本制度結合在一起的；建立社會主義市場經濟體制，就是要使市場在國家宏觀調控下對資源配置起基礎性作用。在此基礎上，《決定》從五個主要方面提出了我們要建設一個什麼樣的社會主義市場經濟體制，勾勒出了怎樣建設社會主義市場經濟體制的總體規劃。當然，《決定》成了中國在 20 世紀 90 年代進行經濟體制改革的行動綱領，這也是繼 1984 年 10 月 20 日黨的十二屆三中全會《關於經濟體制改革的決定》之後的第二個指導中國經濟體制改革的綱領性文件。

　　站在新的歷史起點，對「三步走」的發展戰略目標做出新的分解，實施新「三步走」發展戰略。基於20世紀80年代歷史條件和個人認識水準的局限性，當時鄧小平提出的「三步走」發展戰略，只是對第三步做了一個大致構想。在前二步戰略目標提前實現的背景下，江澤民同志在黨的十五大報告把鄧小平同志的「第三步」戰略做了細化，提出了新「三步走」發展戰略，即：「展望下世紀，我們的目標是，第一個十年實現國民生產總值比2000年翻一番，使人民的小康生活更加寬裕，形成比較完善的社會主義市場經濟體制；再經過十年的努力，到建黨一百年時，使國民經濟更加發展，各項制度更加完善；到世紀中葉建國一百年時，基本實現現代化，建成富強民主文明的社會主義國家」[1]，並第一次提出「兩個一百年」奮鬥目標。新「三步走」發展戰略在2002年黨的十六大報告中得到再次明確與重申。如果以小康為標準來分析，鄧小平同志的「三步走」發展戰略中的前二步就是建立小康社會，而江澤民同志新「三步走」發展戰略的前二步就是全面建設小康社會。

　　探索和實施公有制實現形式多樣化。在我國，國有企業是社會生產力的最重要的企業組織形式。以公有制為主體的現代企業制度是社會主義市場經濟體制的基礎。正因如此，黨的十五大報告強調：「建立現代企業制度是國有企業改革的方向。」「深化國有企業改革……勇於探索，大膽實踐，力爭到本世紀末多數國有大中型企業初步建立現代企業制度。」

1《江澤民文選》第2卷，人民出版社2006年版，第4頁。

　　實施科教興國戰略。前期的改革開放經驗告訴我們，中國存在的產業結構不合理、技術水準落後、勞動生產率低、經濟增長品質不高等問題的解決，必須依靠科技進步；實現國民經濟持續、快速、健康發展，必須依靠科技進步。科學技術實力成為衡量國家綜合國力強弱的一個重要標誌。面對發達國家在經濟與科技上佔優勢的壓力，以及我國經濟和社會發展中的突出問題，江澤民同志在「科學技術是第一生產力」基礎上，在 1995 年 5 月的全國科技大會上，提出實施科教興國戰略，確立科技和教育是興國的手段和基礎的方針。1996 年，全國人大八屆四次會議正式通過的《國民經濟和社會發展「九五」計畫和 2010 年遠景目標》，把「科教興國」定為我們的基本國策。為全面落實科教興國戰略，1996 年，國家科技領導小組成立，各地方隨即成立了科技領導小組或科教興省（區、市）領導小組。

　　實施可持續發展戰略。中國在成為「世界工廠」的過程中，很大程度上在重複著西方工業化過程中的那種「高生產、高消費、高汙染」的傳統發展模式。改革開放不到 20 年，我國的生態環境問題遭到嚴重破壞，資源枯竭速度在不斷增快。資源與環境越來越成為中國進一步發展的瓶頸。於是，1994 年 7 月 4 日，國務院批准了我國的第一個國家級可持續發展戰略——《中國 21 世紀人口、環境與發展白皮書》。2002 年 3 月 10 日，江澤民同志在中央人口資源環境工作座談會上再次強調：「為了中華民族的子孫後代始終擁有生存和發展的良好條件，我們一定要高度重視並切實解決經濟增長方式轉變的問題，按照可持續發展的要求，正確處理經濟發展同人口、資源、環境的關係，促進人和自然的協調與和諧，努力開創生產發展、生活富裕、生態良好的

文明發展道路。」[1]

　　實施西部大開發戰略。這是對「兩個大局」戰略「第二個大局」
的具體實施。1992年年初，鄧小平同志在南方談話中為西部大開發設
想了一個時間表，「可以設想，在本世紀末達到小康水準的時候，就
要突出地提出和解決這個問題。」[2]東部沿海地區經過20餘年高速發展，
一方面，整個國家經濟實力大為增強，為實施「第二個大局」奠定了
堅實的物質基礎和積累了寶貴的發展經驗；另一方面，在發展過程中，
東西部發展差距和人民收入差距在不斷拉大，區域性矛盾凸顯，這也
為實施「第二個大局」提出了強烈的現實要求；再一方面，到2000
年，國民生產總值在1991年基礎上又增長一倍，人民生活基本達到小
康水準，為儘快實施「第二個大局」提供了可能條件。堅實的物質基
礎、已有的經驗、現實的要求和可能的條件的結合，促使以江澤民同
志為核心的黨的第三代中央領導集體下決心于新世紀之初實施西部大
開發戰略。2000年10月，中共十五屆五中全會通過的《中共中央關
於制定國民經濟和社會發展第十個五年計劃的建議》把實施西部大開
發、促進地區協調發展作為一項戰略任務提出，並強調：「實施西部
大開發戰略，加快中西部地區發展，關係經濟發展、民族團結、社會
穩定，關係地區協調發展和最終實現共同富裕，是實現第三步戰略目
標的重大舉措。」[3]緊接著，10月26日，國務院專門發出《關於實施
西部大開發若干政策措施的通知》，正式啟動這一具有戰略意義的「重

1《江澤民文選》第3卷，人民出版社2006年版，第462頁。
2《鄧小平文選》第3卷，人民出版社1993年版，第374頁。
3《十五大以來重要文獻選編》（中），人民出版社2001年版，第1380頁。

大舉措」。

實施「依法治國與以德治國相結合」的治國方略。一個國家的治理既要有柔的道德約束，還要有剛的法律制裁，剛柔並濟，才能達到一種良治。這一剛柔並濟的治國方略不是同步提出的，提出的順序是先剛後柔。1997 年 9 月，江澤民同志在黨的十五大報告中明確提出依法治國的基本方略，把之前「建設社會主義法制國家」的提法，改變為「建設社會主義法治國家」，突出強調「法治」二字。1999 年全國人大九屆二次會議通過的憲法修正案，明確把「中華人民共和國實行依法治國，建設社會主義法治國家」作為憲法第五條第一款寫入，這標志著中華人民共和國治國方略的重大轉變。這也是中央長期思索的結果，是對歷史經驗的深刻總結。

在建設社會主義市場經濟過程中，市場的缺陷和消極因素必然反映到人們的思想意識和人與人的關係上來，在社會上誘發出嚴重的拜金主義、享樂主義和極端個人主義。為此，1996 年 10 月 10 日，黨的十四屆六中全會在總結改革開放以來我國精神文明建設的經驗教訓基礎上，結合新的形勢需要，通過《中共中央關於加強社會主義精神文明建設若干重要問題的決議》。2000 年 6 月，江澤民同志在中央思想政治工作會議上的講話中，闡述了法律和道德在國家管理中具有同等重要的作用。他指出：「法律和道德作為上層建築的組成部分，都是維護社會秩序、規範人們思想和行為的重要手段，它們相互聯繫、相互補充。法治以其權威性和強制手段規範社會成員的行為，德治以其說服力和勸導力提高社會成員的思想認識和道德覺悟。道德規範和法

律規範應該相互結合，統一發揮作用。」[1]2001 年 1 月，在全國宣傳部長會議上，江澤民同志進一步明確提出「把依法治國與以德治國緊密結合起來」的治國方略。他指出：「我們在建設有中國特色社會主義、發展社會主義市場經濟的過程中，要堅持不懈地加強社會主義法制建設，依法治國；同時也要堅持不懈地加強社會主義道德建設，以德治國。對一個國家的治理來說，法治和德治，從來都是相輔相成、相互促進的。二者缺一不可，也不可偏廢。法治屬於政治建設、屬於政治文明，德治屬於思想建設、屬於精神文明。二者範疇不同，但其地位和功能都是非常重要的。我們要把法制建設與道德建設緊密結合起來，把依法治國與以德治國緊密結合起來。」[2]在紀念建黨 80 周年大會講話中，江澤民同志再次強調：「要把依法治國同以德治國結合起來，為社會保持良好的秩序和風尚營造高尚的思想道德基礎。」[3]

執行落實「一國兩制」，香港、澳門順利回歸。在鄧小平同志提出的「一國兩制」構想的指導下，1997 年 7 月 1 日凌晨，中英兩國政府舉行香港政權交接儀式，中國政府對香港恢復行使主權；1999 年 12 月 20 日凌晨，中葡兩國政府舉行澳門政權交接儀式，中國政府對澳門恢復行使主權。香港、澳門的順利回歸祖國，標誌著「一國兩制」的國家統一方式的成功實現。本來是用於和平統一臺灣的構想，結果在香港和澳門的回歸上成功運用，這在一定程度上，也為最終解決和平統一臺灣積累經驗和提供了一種心理上的預期。成功加入世界貿易組

1《江澤民文選》第 3 卷，人民出版社 2006 年版，第 91 頁。
2《江澤民文選》第 3 卷，人民出版社 2006 年版，第 200 頁。
3《江澤民文選》第 3 卷，人民出版社 2006 年版，第 276、278 頁。

織，全面融入全球化。中國發展離不開世界，世界發展同樣離不開中國。全球化是當今世界發展大趨勢，融入到全球化進程中，參與全球性的合作與競爭，是中國發展的必由之路，把自己關閉起來是沒有出路的。復關與入世，就是中國積極融入全球化進程的最大舉措，也是與西方國家展開的一場最漫長最複雜的利益博弈過程。從復關開始，漫漫長路，整整 15 年艱難談判，從黑髮談到白髮（中國復關及入世談判的首席談判代表龍永圖語），終於在 2001 年結出正果。2001 年 11 月 10 日，在杜哈舉行的世貿組織第四次部長級會議上審議並批准中國加入世貿組織。是年 12 月 11 日，中國正式成為世貿組織成員。加入世貿組織，是中國特色社會主義作為社會主義國家，為促進人類社會共同發展發揮更大作用的必由之路。

「堅持加強和改善黨的領導，全面推進黨的建設新的偉大工程。」古今中外，無論哪個王朝或帝國的覆滅或崩潰，無論哪個政黨的下臺與上臺，都與人心向背的變化有很大的關係。因此，我們必須從黨和國家生死存亡的高度，充分認識黨的建設問題。作為「第二次革命」的改革開放，對執政的中國共產黨來講，完全是一件新生事物，存在一個不斷認識與深化的過程。在這個過程中，難免就會出現一些問題，有些問題甚至較為嚴重。對共產黨員個體而言，也是如此。在市場經濟改革中，黨內不思進取、好逸惡勞，不願意艱苦奮鬥，貪圖享樂的思想不斷膨脹，黨內領導幹部特別是高級幹部利用手中掌握的權力謀取私利的腐敗現象不斷發生，形式主義、官僚主義的不良作風大肆氾濫，甚至在黨內出現特殊利益集團，等等。如果這些問題得不到有效懲治，黨就會離群眾越來越遠，就會有亡黨亡國的危險。鄧小平同志在 1992 年年初的南方談話中，就發出過振聾發聵的警示：「中國要出

問題，還是出在共產黨內部。」[1]1994 年 9 月，黨的十四屆四中全會通過的《中共中央關於加強黨的建設幾個重大問題的決定》，把黨的建設提到「新的偉大的工程」的高度，完整地提出黨的建設的目標和任務。1997 年 9 月，江澤民同志在黨的十五大報告中，把黨的建設新的偉大工程的總目標定位於：把黨建設成為用鄧小平理論武裝起來、全心全意為人民服務、思想上政治上組織上完全鞏固、能夠經受住各種風險、始終走在時代前列、領導全國人民建設中國特色社會主義的馬克思主義政黨。為此，江澤民同志提出必須要解決「兩大課題」，即不斷提高黨的領導水準和執政水準、提高拒腐防變和抵禦風險能力；必須要充分發揮「三大優勢」，即黨的思想政治優勢、黨的組織優勢、黨的密切聯繫群眾的優勢。為了貫徹落實《中共中央關於加強黨的建設幾個重大問題的決定》，1996 年，黨的十四屆六中全會做出決定，對縣處級以上領導幹部進行一次以講學習、講政治、講正氣為主要內容為期 3 年的黨性黨風教育。這次教育活動，發揚了延安整風運動的精神，採取自上而下，分期分批進行，黨內的批評和自我批評相結合的方式，使全黨同志尤其使領導幹部在主觀世界的改造、黨性的修養和黨風建設上受到一次深刻的教育，達到了預期的效果。

圍繞「建設什麼樣的黨，怎樣建設黨」這一基本問題的思考與解決，在上述系列富有成效的實踐中，推進了中國特色社會主義道路，進一步發展了中國特色社會主義道路的基本內涵：提出堅持加強和改善黨的領導，全面推進黨的建設新的偉大工程；確立建立社會主義市

1《鄧小平文選》第 3 卷，人民出版社 1993 年版，第 380 頁。

場經濟體制;提出科教興國和可持續發展戰略;提出建設社會主義政治文明,把中國特色社會主義事業總體佈局由「二位一體」發展為「三位一體」;提出全面建設小康社會;提出推動社會主義文化的發展繁榮;提出了生態文明建設。

三、胡錦濤與中國特色社會主義道路新發展

新世紀新思路新發展。到 2001 年年底,國內生產總值已達 95533億元人民幣,比 1989 年增長近 2 倍,與 1978 年相比,年均增長9.4%,是世界上增長最快的國家之一,為新世紀推進中國特色社會主義發展打下了堅實的物質基礎。發展起來的中國存在的問題,並不比沒有發展時的少。面對發展中的問題,以胡錦濤同志為總書記的黨中央進一步深化了對中國特色社會主義道路的認識,並以諸多新思路新舉措推進了中國特色社會主義道路新發展。

構建社會主義和諧社會,拓展中國特色社會主義總體佈局內涵。和諧社會是人類孜孜以求的一種美好而理想的社會,古今中外歷史上都產生過不少有關社會和諧的思想。進入新世紀,中國一方面迎來「黃金發展期」,另一方面卻遭遇「矛盾凸顯期」,如何在利用「黃金發展期」發展好自己的過程中儘量地使矛盾不再「凸顯」,使「社會更加和諧」,是需要迫切考慮的議題。為此,在黨的十六大報告首先提出「社會更加和諧」的基礎上,2004 年 9 月 19 日,中共十六屆四中全會正式提出「構建社會主義和諧社會」命題,並把它作為我們黨的執政目標。這是黨的文件第一次把和諧社會建設放到同經濟建設、政治建設、文化建設並列的突出位置,從而使中國特色社會主義奮鬥

目標，由建設社會主義市場經濟、社會主義民主政治和社會主義先進文化的「三位一體」總體佈局拓展為包括「社會主義和諧社會建設」在內的「四位一體」總體佈局。2006 年 10 月，黨的十六屆六中全會審議通過《中共中央關於構建社會主義和諧社會若干重大問題的決定》，《決定》全面深刻地闡明了中國特色社會主義和諧社會的性質和定位、指導思想、目標任務、工作原則和重大部署。

社會主義新農村建設。沒有農村的小康，就不可能有全面小康。沒有農村的現代化，就沒有中國的現代化。沒有農村社會的和諧，就不可能有中國特色社會主義和諧社會。農村、農民和農業，是中國特色社會主義發展中的一個非常重要的瓶頸。如果這個瓶頸解決不好或解決不了，中國現代化「第三步」發展戰略就難以實現。「建設社會主義新農村」不是一個新概念，早在 20 世紀 50 年代就曾提出過。改革開放以來，1984 年中央 1 號文件、1987 年中央 5 號文件和 1991 年中央 21 號文件即黨的十三屆八中全會《決定》中都出現過這一提法。但是，隨著改革發展，農村、農民、農業問題，即「三農」問題，越來越嚴重，嚴重到非解決不可的地步，以至曾經做過鄉鎮書記的李昌平先生上書總理，發出「農村真窮、農民真苦、農業真危險」的呼聲與警示。2005 年，黨的十六屆五中全會再次鄭重提出「社會主義新農村建設」，提出「建設社會主義新農村是我國現代化進程中的重大歷史任務」。從中央到地方，全國各地非常重視，都在按照「生產發展、生活寬裕、鄉風文明、村容整潔、管理民主」的要求，從各地實際出發，尊重農民意願，扎實穩步推進新農村建設，「千方百計增加農民收入」，對農業實行「多予、少取、放活」，不斷加大財政支農力度，積極推動新型農村合作醫療制度和新農保制度改革。為了更好

地推進新農村建設，2005 年 12 月，十屆全國人大常委會第十九次會議決定，自 2006 年 1 月 1 日起廢止《農業稅條例》，全國全面取消農業稅，9 億中國農民徹底告別了持續上千年的繳納農業稅的歷史。從此，中國農村建設翻開新的一頁。黨的十七屆三中全會專門通過了促進「三農」工作、鞏固和加強農業基礎地位、推進社會主義新農村建設為主要內容的《關於推進農村改革發展若干重大問題的決定》。

推進和諧世界建設。當今世界主題依然是和平與發展，但和平與發展兩個問題一個也沒有解決好。天下仍不太平，世界並不和諧。在和平層面，世界從南至北、從東到西都存在不穩定因素；不公正、不合理的國際政治經濟舊秩序尚未根本改變；霸權主義和強權政治時有表現；地區熱點問題錯綜複雜，局部衝突時起時伏；恐怖主義活動、毒品走私、跨國犯罪、環境污染、嚴重傳染性疾病和重大自然災害等時常發生。在發展層面，南北差距繼續擴大，貿易糾紛和摩擦上升，資源能源問題突出，新殖民主義橫行。儘管如此，要和平、促發展、謀合作成了這個時代的主旋律。越來越多的國家主張國際關係要民主化，面對挑戰要協調化，發展模式要多樣化。同時，中國特色社會主義道路發展也需要營造一個良好的國際環境，還有為了展示出中國特色社會主義道路是一條和平發展的道路，以消除國際社會對中國快速崛起而引起的恐慌，化解對華不友好國家打出形形色色的「中國威脅論」。2005 年 4 月，胡錦濤同志在雅加達亞非峰會講話中首先提出，亞非國家應「推動不同文明友好相處、平等對話、發展繁榮，共同構建一個和諧世界」。是年 7 月，胡錦濤同志出訪俄羅斯時，把「和諧世界」寫入《中俄關於 21 世紀國際秩序的聯合聲明》。「和諧世界」第一次被確認為國與國之間的共識，標誌著這一全新理念逐漸進入國

際社會的視野。是年9月，胡錦濤同志在聯合國成立60周年首腦會議上，發表《努力建設持久和平、共同繁榮的和諧世界》重要講話，並全面闡述了「和諧世界」的深刻內涵。構建和諧世界，是中國和國際社會所共同面對的重大課題，也是中國和國際社會所共同希望的目標。因此，得到不少國家的積極回應。中國不僅這樣說，同時在積極地這樣做。

振興東北老工業基地，推進中部崛起戰略和繼續推進西部大開發，全面落實區域發展總體戰略。隨著改革開放的深入，20世紀90年代以前中國最重要的工業基地和經濟發達的東北地區，經濟發展速度逐漸落後於東部沿海地區。GDP和工業增加值由改革開放初的15%和20%下降到世紀末的10%以下。為了促進區域協調發展，國家提出振興東北老工業基地戰略。2003年10月，中共中央、國務院發佈《關於實施東北地區等老工業基地振興戰略的若干意見》，為實施振興戰略確立了明確的指導思想和方針，提出符合實際的任務和制定可操作性的政策措施。2004年3月5日，溫家寶同志在政府工作報告中首次提出「中部[1]崛起」概念。2005年，「中部崛起」上升為國家戰略。2006年2月中旬，國務院一次常務會議上，專門討論了一份促進中部崛起的綱領性文件——《促進中部崛起的若干意見》。2008年年初，編製《促進中部地區崛起規劃》列入了國務院的工作日程表。2009年9月23日，《促進中部地區崛起規劃》通過。中央規劃的西部大開發2000—2010年第一階段任務基本完成，從2000年至2009年，西部地

---

1 「中部」指江西、安徽、湖南、湖北、河南、山西六省。

區 GDP 年均增長 11.9%，高於全國同期增速，基礎設施、區域差距、人民生活水平、綠化環保等方面取得良好成效。西部經濟社會的快速發展，大大改變了西部貧窮落後的面貌，拓展了全國經濟發展的空間，增強了全國經濟發展的後勁，為實施第二階段打下了堅實基礎。2010 年 7 月，中央、國務院召開西部大開發工作會議，把西部大開發放在全國區域協調發展總體戰略、社會主義和諧社會、可持續發展戰略中來重點考慮規劃，專門就其在 2010—2020 年新的十年裡如何深入實施和推進做出了重要部署。為了更好更科學地全面落實區域發展總體戰略，中央頒布實施了全國主體功能區規劃。2007 年國務院頒佈《關於編製全國主體功能區規劃的意見》（國發 [2007] 21 號），《意見》把全國國土空間統一劃分為優化開發、重點開發、限制開發和禁止開發四大類主體功能區。2011 年 6 月初，《全國主體功能區規劃》正式發佈。《全國主體功能區規劃》為國民經濟和社會發展總體規劃、區域規劃、城市規劃等提供了基本依據，並且具有戰略性、基礎性、約束性意義。稍加說明一點，對於鄧小平同志的「兩個大局」思想，不能簡單地理解為東西聯合互補發展。實質上，它體現的是國家層面的區域發展的總體戰略。這一總體戰略對應的是實現現代化「三步走」發展戰略。

從 20 世紀 70 年代末開始到 2012 年，國家區域發展總體戰略框架全面完成。回看歷史，框架形成來之不易。20 世紀 70 年代末開始，設經濟特區，重點發展東部沿海，打造珠江三角洲；20 世紀 80 年代末開始，傾力打造長江三角洲；20 世紀 90 年代中開始，重點建設京津唐及渤海三角地帶；20 世紀 90 年代末開始，實施西部大開發；2003 年提出振興東北老工業基地；2004 年開始提出「中部崛起」；

2010 年，新一個 10 年的西部大開發又吹響號角。至此，從東到西、從北至南、兼顧中部的國家區域發展總體戰略框架基本完成，國家發展整體戰略佈局部署完畢。這就為實現中華民族偉大復興的中國夢布下了一個科學而堅實的發展格局。

推動社會主義文化大發展大繁榮，建設社會主義文化強國，夯實中國特色社會主義道路的文化支撐。說起文化，筆者想起中外三個名人說過的三段話。第一位是我國國學大師南懷瑾先生說的：「沒有自己的文化，一個民族就沒有凝聚力，始終像一盤散沙。沒有自己的文化，一個民族就沒有創造力，只會跟在外國人後面模仿。沒有自己的文化，一個民族就不會有自信心，也不可能得到外人的尊重。」另一位是英國前首相邱吉爾，他說：「我寧願失去一個印度，也不願失去一個莎士比亞。」還有一位是英國前首相柴契爾夫人，她針對中國的「世界工廠」稱謂，在某一場合表達過：中國不會成為世界超級大國，因為中國今天出口的是電視機，而不是思想觀念；中國的知識體系不能參與世界知識體系的建構，不能成為知識生產的大國；即使中國經濟在快速崛起，充其量也只能成為一個物質生產大國，但是在精神文化生產和創新乃至輸出上仍然是個無需重視的小國。生長在東西不同文化環境中的不同時代的三個人說出了同一種聲音，表達出了同一個意思：思想文化建設之於一個國家發展與強盛的極端重要性。進入 21 世紀，各種思想文化交流交融交鋒更加頻繁，文化在綜合國力競爭中的地位和作用更加凸顯，增強國家文化軟實力、中華文化國際影響力要求更加緊迫。2003 年，胡錦濤同志提出科學發展觀，從發展模式上進行反思開始，不斷要求加強文化建設，提高文化自覺、文化自信，從而賦予文化建設以科學發展性質。2004 年 1 月 5 日，中共中央

發布的《關於進一步繁榮發展哲學社會科學的意見》提出，要實施馬克思主義理論研究和建設工程，通過理論研究破除對馬克思主義的教條式理解，澄清附加在馬克思主義名下的錯誤觀點；通過建設工程引導人們用科學的態度對待馬克思主義，用發展著的馬克思主義指導新的實踐。2006 年 10 月，黨的十六屆六中全會明確提出要建設社會主義核心價值體系。2007 年年底，黨的十七大首次將「建設社會主義核心價值體系」納入黨的報告中，並提出要「推動社會主義文化大發展大繁榮」。2011 年，黨的十七屆六中全會《中共中央關於深化文化體制改革推動社會主義文化大發展大繁榮若干問題的決定》提出建設「文化強國」長遠戰略。

　　圍繞「實現什麼樣的發展，怎樣發展」這一基本問題的思考與解決，在上述系列富有成效的實踐中，進一步完善了中國特色社會主義道路的基本內涵：提出構建社會主義和諧社會，把中國特色社會主義事業總體佈局由「三位一體」擴展為「四位一體」，把「和諧」概括進了道路的目標，由原來的「建設富強民主文明的社會主義現代化國家」發展為「建設富強民主文明和諧的社會主義現代化國家」；黨的十八大又把生態文明建設納入總體佈局中，進而把中國特色社會主義事業總體佈局「四位一體」發展為「五位一體」；提出社會主義核心價值體系，推動社會主義文化大發展大繁榮，建設社會主義文化強國，擴大了文化建設的內涵；提出以人為本，把「促進人的全面發展，逐步實現全體人民共同富裕」概括進道路內涵，突出了中國特色社會主義道路「為誰發展」的問題。

　　總之，中國特色社會主義這條道，「不是從天上掉下來的，是黨

和人民歷盡千辛萬苦、付出各種代價取得的根本成就」[1]，是中國共產黨帶領全黨全國人民「一點一滴幹出來的」「一步一個腳印走出來的」。[2]可想而知，「找到一條正確道路是多麼不容易」。[3] 黨的十八大之後，中國特色社會主義進入新時代。新時代中國特色社會主義道路將又「如何拓展」？第五章將集中闡述這個問題。

---

1 習近平：〈在紀念毛澤東同志誕辰120周年座談會上的講話〉（2013年12月26日），《人民日報》2013年12月27日。

2 習近平：〈在全國政協新年茶話會上的講話〉（2013年12月31日），《人民日報》2014年1月2日。

3 習近平：〈在紀念毛澤東同志誕辰120周年座談會上的講話〉（2013年12月26日），《人民日報》2013年12月27日。

第二章

中國特色社會主義道路的科學內涵

　　新中國成立後，毛澤東同志領導中國共產黨對中國特色社會主義建設進行了長期探索，奠定了物質基礎和制度基礎，提供了理論準備和寶貴經驗。鄧小平同志領導中國共產黨在改革開放中開創出中國特色社會主義道路。江澤民同志、胡錦濤同志兩任總書記領導中國共產黨推進和發展了中國特色社會主義道路。以習近平同志為核心的黨中央領導全黨全國人民在新的歷史起點上，把中國特色社會主義推進了一個新時代。中國特色社會主義道路就是這樣一代接著一代幹出來的，中國共產黨在「幹」中對社會主義建設規律、共產黨執政規律、人類社會發展規律有了不斷的深化認識，中國特色社會主義道路的科學內涵也隨之不斷發展和豐富。

　　黨的十七大報告明確指出，改革開放以來我們取得一切成績和

進步的根本原因，歸結起來就是：開闢了中國特色社會主義道路，形成了中國特色社會主義理論體系，並對中國特色社會主義道路的科學內涵進行黨的歷史上第一次系統闡述，「就是在中國共產黨領導下，立足基本國情，以經濟建設為中心，堅持四項基本原則，堅持改革開放，解放和發展社會生產力，鞏固和完善社會主義制度，建設社會主義市場經濟、社會主義民主政治、社會主義先進文化、社會主義和諧社會，建設富強民主文明和諧的社會主義現代化國家。」[1]經過五年發展，中國共產黨進一步豐富了中國特色社會主義道路的科學內涵，黨的十八大報告指出，「中國特色社會主義道路，就是在中國共產黨領導下，立足基本國情，以經濟建設為中心，堅持四項基本原則，堅持改革開放，解放和發展社會生產力，建設社會主義市場經濟、社會主義民主政治、社會主義先進文化、社會主義和諧社會、社會主義生態文明，促進人的全面發展，逐步實現全體人民共同富裕，建設富強民主文明和諧的社會主義現代化國家。」[2]又經過五年發展，中國特色社會主義道路的科學內涵更為豐富完善，黨的十九大報告把「建設富強民主文明和諧的社會主義現代化國家」調整為「建設富強民主文明和諧美麗的社會主義現代化強國」，這樣，社會主義現代化強國這一奮鬥目標的五個指標「富強」「民主」「文明」「和諧」「美麗」分別與總體佈局的「經濟建設」「政治建設」「文化建設」「社會建設」「生態文明建設」精准對應，實現了中國特色社會主義事業「五位一體」

1《中國共產黨第十七次全國代表大會文件彙編》，人民出版社 2007 年版，第 11 頁。
2《堅定不移沿著中國特色社會主義道路前進　為全面建成小康社會而奮鬥──在中國共產黨第十八次全國代表大會上的報告》，人民出版社 2012 年版，第 12 頁。

總體佈局與社會主義現代化強國的「五大內容」無縫對接，中國特色社會主義進入了一個新的發展階段。

第一節　中國特色社會主義道路是科學社會主義在中國的具體實踐

科學社會主義是馬克思主義的三大組成部分之一。科學社會主義基本原理不同於馬克思主義辯證唯物主義和歷史唯物主義的基本原理，也不同於馬克思主義政治經濟學的基本原理，前者是在後兩者基礎上建立起來的。恩格斯在〈社會主義從空想到科學〉一文中著重指出，唯物史觀和剩餘價值學說兩大理論的發現才使社會主義從空想變成了科學。社會主義的科學性因其基本原理而體現，科學社會主義因其基本原理的具體運用而發展。蘇聯模式社會主義是具體發展的一種方案，但因最終背離和放棄科學社會主義基本原理而走向失敗；中國特色社會主義是具體發展的另一種方案，卻因始終堅持和發展科學社會主義基本原理而不斷走向輝煌。

中國特色社會主義道路就是科學社會主義在中國的當代形式。使社會主義從空想變成了科學的唯物史觀和剩餘價值學說這兩大理論基石，要求科學社會主義要從理論變成實踐，必須「隨時隨地都要以當時的歷史條件為轉移」，把其中的基本原理進行實際運用。長期處於社會主義初級階段的中國要建設的社會主義，必然不同於馬克思、恩格斯在理論上論證的社會主義，也必然有別于蘇聯在理論與實踐上探索出的社會主義。我們探索出的社會主義必然是帶有許多中國的實

踐特色、理論特色、民族特色、時代特色。新中國 70 年的發展不斷證明，中國特色社會主義是當代中國發展進步的根本方向，只有中國特色社會主義才能發展中國。中國特色社會主義為什麼行？關鍵在於它既堅持了科學社會主義基本原理，又根據我國實際和時代特徵賦予其鮮明的中國特色；實踐證明它能解決、已經解決、且正在解決我們國家面臨的一個又一個的歷史性課題、世界性難題（如社會主義與市場經濟的結合）。

　　社會主義初級階段論是中國特色社會主義道路的基石，社會主義初級階段理論完全符合科學社會主義發展階段性規律。馬克思主義經典作家把資本主義到共產主義這一歷史長過程大致劃分為三個階段：一是革命和過渡時期，任務是奪取政權，建立社會主義制度；二是建設社會主義社會，即共產主義的第一階段，主要任務是大力發展生產力，建設社會主義；三是進入共產主義社會，即共產主義高級階段，到那個時候，整個社會生產力高度發達，生產資料由社會佔有，實行各盡所能、按需分配原則，有計劃組織社會生產，商品經濟消滅，沒有階級沒有國家，每個人都獲得全面而自由的發展，整個社會成為一個自由人的聯合體。中國共產黨在經過近 30 年的社會主義道路探索後，搞清楚了「什麼是社會主義，怎樣建設社會主義」這一基本問題，提出了社會主義初級階段理論。依據社會主義實現于發達資本主義國家這一馬克思恩格斯所揭示的普遍性，現實社會主義是不可能出現社會主義初級階段。社會主義初級階段，是建設社會主義階段中的一個特殊時段，是經濟文化落後的又苦於資本主義不發展的「亞細亞國家」走上社會主義道路的必經階段。這一階段的主要任務是補生產力發展這一課，使先進的生產關係與發達的生產力相適應。國內外，有不少

人抓住這一點，認為中國特色社會主義是在補資本主義之課，中國特色社會主義就是在搞中國特色資本主義。當然，這是無稽之談。中國特色社會主義從來就沒有脫離社會主義之軌，在指導思想上，我們始終堅持馬克思主義指導地位；在經濟基礎上，我們始終堅持公有制為主體；在價值目標上，我們始終堅持以人為本、共同富裕和人的自由而全面發展。

中國特色社會主義道路就是踐行和體現「兩個必然性」規律的道路，沒有偏離更沒有背離科學社會主義基本原則。馬克思、恩格斯在《共產黨宣言》中提出：「資產階級的滅亡和無產階級的勝利是同樣不可避免的」，這就是科學社會主義基本原理核心，就是我們常說的資本主義必然滅亡和社會主義必然勝利的「兩個必然」規律。自新民主主義革命勝利後，中國共產黨就一直是在圍繞著「兩個必然」這一核心規律來探索中國特色的社會主義革命、建設與改革。中國特色的社會主義改造，工人階級領導的、以工農聯盟為基礎的人民民主專政國家政權的建立和鞏固，社會主義改革開放，莫不如此。

中國特色社會主義在發達資本主義主導的國際格局中，因成功地處理好了與發達資本主義的關係而不斷走向勝利，完全符合科學社會主義「兩個決不會」規律。馬克思在＜《政治經濟學批判》序言＞中提出：「無論哪一個社會形態，在它所能容納的全部生產力發揮出來以前，是決不會滅亡的；而新的更高的生產關係，在它的物質存在條件在舊社會的胎胞裡成熟以前，是決不會出現的。」這就是著名的「兩個決不會」規律。馬克思、恩格斯預測的「現實社會主義」出現必須具備兩個基本條件：一是資本主義進入發達階段，發達資本主義能為社會主義實現準備物質基礎和階級基礎；二是多國同時勝利，即使是具有

農村公社制的俄國要實現社會主義革命的勝利，也得要有歐洲發達資本主義無產階級革命運動的支持與配合。這是完全符合「兩個決不會」規律的。

　　理論、理想有時候很豐滿，但現實卻是骨感的。只存在 72 天的巴黎公社、存在 69 年的蘇聯社會主義、依然充滿活力的中國特色社會主義，這些現實社會主義完全處於資本主義重重包圍中，在理論與實踐上，它們始終存在一個如何正確理解「兩個決不會」規律的重大問題，換句話就是怎樣處理與資本主義關係問題，稍有不慎，就會跌入萬劫不復之淵。1871 年，發生巴黎公社起義的法國的資本主義也不是完全發達，它還處在工業革命階段。巴黎公社起義的失敗，沒有偏離「兩個決不會」規律。摧毀了農村公社制、走上了資本主義發展道路的俄國，在其還處在「苦於資本主義的發展，又苦於資本主義的不發展」的尷尬境地時，爆發俄國十月革命，建立了蘇維埃政權。蘇聯模式社會主義的最後失敗，一個重要因素是沒有處理好與發達資本主義的關係，在赫魯雪夫提出的與資本主義「和平過渡」「和平競賽」「和平共處」的「三和」思想引導下，不斷喪失自我，自動向資本主義繳械，最後從理論上、指導思想上以及整個制度上，放棄了科學社會主義而走上所謂的人道的、民主的社會主義。但是，在苦於資本主義不發展的半封建半殖民地的前提下，中國成功地進行了社會主義革命、建設和改革開放。中國在堅持獨立自主的基礎上進行改革開放，積極主動融入到西方主導的全球化浪潮中，大膽吸收和借鑑包括資本主義在內的人類社會創造的一切文明成果，不僅在短短的 40 多年時間內取得了資本主義 300 多年的發展成果，使中國特色社會主義贏得了與資本主義相比較的優勢，而且成功開創出了一條中國特色社會主義道路，豐

富了科學社會主義由理論到實踐的具體形式。

習近平總書記多次強調，中國特色社會主義就是社會主義而不是其他什麼主義；走中國特色社會主義道路，科學社會主義基本原則不能丟，丟了就不是社會主義了。

第二節　始終堅持社會主義初級階段黨的基本路線

鄧小平同志領導開創了改革開放新的歷史時期，提出了社會主義初級階段理論，開創了中國特色社會主義道路，並在實踐的進程中制定了科學完備的黨在社會主義初級階段的基本路線。堅持中國特色社會主義道路就必須牢牢立足社會主義初級階段這個最基本的國情，就必須始終堅持社會主義初級階段黨的基本路線。

一、科學認識和把握社會主義初級階段的基本國情

黨的十一屆三中全會以後，在總結新中國成立以來歷史經驗和在改革開放中湧現的新實踐經驗的基礎上，黨對我國社會主義所處的歷史階段進行了新的探索。1981 年，黨的十一屆六中全會通過的《關於建國以來黨的若干歷史問題的決議》，第一次提出我國社會主義制度還處於初級階段。黨的十三大召開前夕，鄧小平同志強調：「黨的十三大要闡述中國社會主義是處在一個什麼階段，就是處在初級階段，是初級階段的社會主義。社會主義本身是共產主義的初級階段，而我們中國又處在社會主義的初級階段，就是不發達的階段。一切都

要從這個實際出發，根據這個實際來制定規劃。」[1] 這個論述明確指出，要把社會主義初級階段作為事關全域的基本國情加以把握；明確這一問題是黨制定路線、方針、政策的出發點和根本依據。1987 年，黨的十三大報告正式作出「我國正處在社會主義的初級階段」的科學判斷。我國社會主義初級階段不是泛指任何國家進入社會主義都會經歷的起始階段，而是特指我國生產力落後、商品經濟不發達條件下建設社會主義必然要經歷的特定階段，即從 1956 年社會主義改造基本完成到 21 世紀中葉社會主義現代化基本實現的整個歷史階段。社會主義初級階段的論斷包括兩層含義：一是我國已經進入社會主義社會，我們必須堅持而不能離開社會主義；二是我國的社會主義社會正處於並將長期處於初級階段，我們必須正視而不能超越這個初級階段。黨的十三大對社會主義初級階段的系統闡述，表明了黨對社會主義和中國國情認識上的一次飛躍。正是由於對社會主義初級階段的基本國情有了一個科學認識和正確把握，我們才得以成功地走出了一條建設中國特色社會主義的新道路。

我國社會主義初級階段，是一個逐步擺脫不發達狀態，基本實現社會主義現代化的歷史階段；是一個逐步縮小同世界先進水準的差距，在社會主義基礎上實現中華民族偉大復興的歷史階段。社會主義初級階段是一個相當長的歷史發展階段，至少需要上百年時間，在發展進程中必然要經歷若干具體的發展階段，不同時期會顯現出不同的階段性特徵。我們可以依據社會主義初級階段主要矛盾的發展變化以十八

1《鄧小平文選》第 3 卷，人民出版社 1993 年版，第 252 頁。

大為界把它劃分為兩個階段：第一個階段是 1956 年到十八大前，社會主義初級階段所面臨的主要矛盾是人民日益增長的物質文化需要同落後的社會生產之間的矛盾；第二個階段是十八大至 21 世紀中葉，社會所面臨的主要矛盾是人民日益增長的美好生活需要和不平衡不充分的發展之間的矛盾。

經過改革開放 40 多年的發展，我國人民生活取得了顯著改善，總體上實現小康，不久將全面建成小康社會，但人民對美好生活的嚮往更加強烈，人民的美好生活需要日益廣泛，不僅對物質文化生活提出了更高要求，而且人民期盼有更好的教育、更穩定的工作、更滿意的收入、更可靠的社會保障、更高水準的醫療衛生服務、更舒適的居住條件、更優美的環境、更豐富的精神文化生活，在民主、法治、公平、正義、安全、環境等方面的要求也日益增長。同時，我國社會生產力水準總體上顯著提高，社會生產能力在很多方面進入世界前列，更加突出的問題是發展不平衡不充分，這已經成為滿足人民日益增長的美好生活需要的主要制約因素。

相對發達國家而言，我國社會生產力仍然比較落後，尤其是勞動生產率水準、創新能力和品質等仍然有很大的發展空間；人均收入、人民生活水準等仍然有很大差距；農業就業比重、農村人口比重等仍然很高；人口多，人均資源佔有量少，生態基礎薄弱依然是長期面臨的硬約束條件。我們必須認識到，中國特色社會主義雖然進入新時代，我國社會主要矛盾的變化並沒有改變我們對我國社會主義所處歷史階段的判斷。新時代中國特色社會主義只是社會主義初級階段中的新起點新階段，而並非是超越社會主義初級階段的新階段。變的只是社會主要矛盾和特徵，不變的是社會主義初級階段的本質。我國仍處於並

將長期處於社會主義初級階段的基本國情沒有變，我國是世界上最大的發展中國家的國際地位沒有變。我們仍要牢牢把握社會主義初級階段這個基本國情，牢牢立足社會主義初級階段這個最大實際，這依然是我們制定和執行正確的發展戰略和政策的根本依據。

二、始終堅持黨在社會主義初級階段的基本路線

黨的基本路線是我們黨在改革開放和社會主義現代化建設實踐中，在深入總結我國革命、建設和改革的經驗教訓和深刻把握人類發展大潮流、世界變化大格局、中國發展大歷史尤其是我國基本國情、社會主要矛盾的基礎上逐漸形成和提出來的，它集中反映了共產黨執政規律、社會主義建設規律、人類社會發展規律對黨和國家工作的總要求，高度概括了黨在社會主義初級階段的奮鬥目標、基本途徑、根本保證、領導力量和依靠力量以及實現這一目標的基本方針，是指導黨和國家一切工作的總方針、總政策，關係到中國特色社會主義事業的全域和根本，關係到黨和國家的前途與命運。在探索中國特色社會主義道路的歷史進程中，在中國特色社會主義理論的指導下，黨在十三大形成社會主義初級階段的基本路線，即「領導和團結全國各族人民，以經濟建設為中心，堅持四項基本原則，堅持改革開放，自力更生，艱苦創業，為把我國建設成為富強、民主、文明的社會主義現代化國家而奮鬥。」[1] 隨著黨在探索實踐中對中國特色社會主義事業總

1《十三大以來重要文獻選編》（上），中央文獻出版社 1991 年版，第 13 頁。

體佈局認識的不斷深化和完善，黨在社會主義初級階段基本路線中奮鬥目標的內涵和表述也得到了不斷的充實和豐富。2007年，黨的十七大把奮鬥目標和總體佈局緊密結合起來，強調要按照「四位一體」總體佈局，「建設社會主義市場經濟、社會主義民主政治、社會主義先進文化、社會主義和諧社會，建設富強民主文明和諧的社會主義現代化國家」。2012年，黨的十八大正式把「生態文明建設」納入中國特色社會主義事業總體佈局，實現了從「四位一體」到「五位一體」的轉變。2017年，黨的十九大強調，「牢牢立足社會主義初級階段這個最大實際，牢牢堅持黨的基本路線這個黨和國家的生命線、人民的幸福線，領導和團結全國各族人民，以經濟建設為中心，堅持四項基本原則，堅持改革開放，自力更生，艱苦創業，為把我國建設成為富強民主文明和諧美麗的社會主義現代化強國而奮鬥。」從而使黨在社會主義初級階段的奮鬥目標的表述與中國特色社會主義事業「五位一體」的總佈局形成一個緊密銜接的有機統一體。

（一）「以經濟建設為中心」是中國特色社會主義道路之要

以經濟建設為中心是興國之要，也是中國特色社會主義道路之要，發展仍是解決我國所有問題的關鍵。堅持黨的基本路線不動搖，關鍵是堅持以經濟建設為中心不動搖。只有推動經濟又好又快發展，才能築牢國家發展繁榮、全國各族人民幸福安康、中華民族偉大復興的強大物質基礎。

改革開放40多年來，我國經濟建設取得了人類經濟史上罕見的重大成就。資料最能說明問題，國家統計局網站2013年11月5日公

佈資料顯示，改革開放以來，1979—2013 年，我國 GDP 年平均增長率為 9.8%，而世界同期為 2.8%，對世界 GDP 貢獻率超過 20%。其中，2002—2012 年，我國國內生產總值年均增長 10.7%，我國經濟總量的世界排位實現了由第六躍居第二而成為世界第二大經濟體。國內生產總值、人均國民總收入、經濟總量占世界經濟份額實現同步快速增長。國民生產總值由 1978 年的 0.3645 萬億元增長到 2016 年的 74.4127 萬億元，38 年間增長了 204 倍；人均國民總收入由 1978 年的 190 美元上升至 2016 年的 8129 美元，已經跨過中等收入水準而向高收入水準進軍；經濟總量占世界經濟份額由 1978 年的 1.8% 提升到 2016 年的 30% 多。經濟的快速發展帶動我國各項事業的飛速發展。我國進出口額由 1978 年的 206 億美元增長至 2016 年的 36643 億美元，增長 178 倍。我國外匯儲備由 1978 年年末的 1.67 億美元增加到 2016 年年末的 30105 億美元，增長 18026 倍。我國財政收入由 1978 年的 1132 億元增長到 2016 年的 159552 億元，增長 141 倍。我國高等教育事業發展速度非常驚人，高校錄取新生人數由 1977 年 27.3 萬人上升到 2016 年的 748.6 萬人，增長 27 倍，成為世界第一的教育大國。號稱是衡量工業化程度重要指標的鋼產量，我國連續 11 年世界第一，由 1978 年的 3178 萬噸提升到 2016 年的 80836.6 億萬噸，增長 25.4 倍。

著重要強調的是，黨的十八大以來，我國經濟發展進入新常態後，五年來我國經濟仍然保持中高速增長，發展品質和效益不斷提升。原因在於，以習近平同志為核心的黨中央始終堅持經濟建設為中心這個興國之要，並推進一系列的深化改革。如，深入推進供給側結構性改革，不斷優化經濟結構；穩步推進農業現代化，不斷提高城鎮化率；建設「一帶一路」、京津冀協同發展、長江經濟帶發展，增強區域發

展協調性成效顯著；大力實施創新驅動發展戰略，創新型國家建設成果豐碩；逐步健全開放型經濟新體制；創新發展理念，提出「創新、協調、綠色、開放、共用」新發展理念；等等。

進入新時代，我們不能躺在已有成就上坐享其成，必須認清我國仍然是世界上最大的發展中國家和仍處在社會主義初級階段的基本國情，認清我們雖離民族復興目標越來越近、自信和能力也越來越強，但前進道路的不確定性矛盾和問題，無論是規模還是複雜性都會是世所罕見。比如，隨著我國經濟總量的不斷擴大和國際競爭的不斷深化，資源環境的約束、投資和消費關係的失衡、收入分配差距的擴大、科技創新能力的不強、產業結構的不合理、農業基礎的薄弱、城鄉區域發展的不協調、就業總量的壓力和結構性的矛盾、利益主體的多元現象等問題一點也不會比新時代之前弱。這就要求中國特色社會主義進入新時代後，以經濟建設為中心就必須走科學發展之路，著力通過堅持新發展理念來解決發展中的不平衡、不充分問題。必須堅持和完善我國社會主義基本經濟制度和分配制度，毫不動搖鞏固和發展公有制經濟，毫不動搖鼓勵、支持、引導非公有制經濟發展，使市場在資源配置中起決定性作用。以提高發展品質和效益為中心，以供給側結構性改革為主線，加快形成引領經濟發展新常態的體制機制和發展方式。更好地發揮政府作用，推動新型工業化、資訊化、城鎮化、農業現代化同步發展。主動參與和推動經濟全球化進程，發展更高層次的開放型經濟。因此，只有牢牢抓住經濟建設這個中心，堅持聚精會神搞建設、一心一意謀發展，不斷增強我國的經濟實力和綜合國力，才能更好地解決經濟社會發展中的不平衡、不充分問題，才能更好地滿足人民的美好生活需要，才能更加堅定廣大人民堅持和發展中

國特色社會主義的信心和決心，進一步增強各族人民對中華民族的認同感、歸屬感和凝聚力、向心力。

（二）「堅持四項基本原則」是中國特色社會主義道路之本

堅持四項基本原則是立國之本，也是中國特色社會主義道路之本，是我們黨和國家生存發展的政治基石。我們在探索和建設中國特色社會主義的整個歷史進程中，必須始終堅持社會主義道路，堅持人民民主專政，堅持中國共產黨的領導，堅持馬克思列寧主義、毛澤東思想。四項基本原則，是支撐我們中國特色社會主義事業大廈的四根支柱。離開了四項基本原則，就會動搖社會主義國家的根本性質和政治基礎，中國就不成其為社會主義國家。四項基本原則，也是發展中國特色社會主義必須堅持的正確政治方向和必須具備的根本政治保障。如果動搖了四項基本原則，或者四項基本原則堅持得不好，我們就會在探索中國特色社會主義的道路上迷失方向，發展中國特色社會主義就無從談起。

（三）「改革開放」是中國特色社會主義道路之動力和活力

堅持改革開放是強國之路，也是中國特色社會主義道路之動力和活力。改革開放作為我們黨在新時期帶領人民進行的新的偉大革命，極大地解放和發展了社會生產力，衝破了束縛生產力發展的體制障礙，推動了社會主義市場經濟體制的建立和完善，推進形成對外開放的新格局。40 多年來，我們之所以能夠在國際風雲變幻中站穩腳跟，

之所以能夠經受住國內政治風波、經濟風險以及嚴重自然災害等方面的嚴峻考驗，使社會主義現代化建設的航船始終沿著正確方向破浪前進，就是因為通過改革開放，我們開闢了中國特色社會主義道路，形成了中國特色社會主義理論體系。通過全面深化改革，開創了我國經濟、政治、文化、社會、生態全面發展的嶄新局面。改革開放 40 多年的實踐不斷證明，改革開放是決定當代中國命運的關鍵抉擇，是發展中國特色社會主義、實現中華民族偉大復興的必由之路；只有改革開放才能發展中國、發展社會主義、發展馬克思主義。

三、堅持社會主義初級階段基本路線應防止和克服的幾種錯誤傾向

在全面深化改革和進行具有許多新的歷史特點的偉大鬥爭的新征程，我們必須深刻認識到，雖然經過改革開放 40 多年的飛速發展，我國經濟實力、科技實力、國防實力、綜合國力進入世界前列，黨的面貌、國家的面貌、人民的面貌、軍隊的面貌、中華民族的面貌發生了前所未有的變化，社會主義初級階段的社會主要矛盾也發生了轉化，但是，中國處於並將長期處於社會主義初級階段的基本國情仍然沒有變，中國是世界最大發展中國家的國際地位仍然沒有變。這也從根本上決定了我們仍然必須堅持黨的基本路線不動搖、不偏離，始終把踐行中國特色社會主義共同理想和堅定共產主義遠大理想統一起來，堅決抵制各種拋棄社會主義的錯誤主張，自覺糾正超越初級階段的錯誤觀念和政策措施。同時，還需要注意防止和克服以下幾種錯誤傾向。

（一）克服「兩張皮」現象，防止在實踐中「不知不覺地動搖」

和改變黨的基本路線。改革開放以來，一方面，來自各方面否定黨的基本路線的各種錯誤言行，從來就沒有停止過。另一方面，黨的基本路線在理論與實踐上出現相脫離、相脫節的「兩張皮」現象，如有人借「經濟建設為中心」「發展是硬道理」「發展是第一要務」，在實踐中不講政治、大搞政治虛無主義，特別是不講「四項基本原則」；有人抽象地講「四項基本原則」，把黨的基本路線當口號高高掛起，在實踐中排斥甚至反對社會主義市場經濟而搞空頭政治；甚至還有人趁改革開放之機塞進私貨，在實踐中搞新自由主義，主張「三權分立」「憲政民主」、指導思想多元化和多黨制等。為贏得這場在前所未有的挑戰和困難中推進具有許多新的歷史特點的偉大鬥爭，一定要堅定黨的基本路線任何時候都不能有絲毫偏離和動搖，克服上述在思想認識上與實踐執行中出現的「兩張皮」現象；防止一手高舉黨的基本路線，而另一手卻企圖在實踐中以「溫水煮青蛙」來「不知不覺地動搖」和「改變這條路線」結果的出現。有了思想上的堅定，才有行動上的自覺，進而才能保證思想與行動的一致。在全面深化改革的新的歷史時期，我們的黨員、幹部特別是高級領導幹部在堅持黨的基本路線過程中，態度不能曖昧，基本政治立場不能動搖，不能被錯誤言論所左右，否則就可能真的會在實踐中不知不覺地動搖甚至偏離黨的基本路線。其後果就可能導致中國特色社會主義道路不是退回「老路」就是誘入「邪路」。

（二）防止和克服實踐中把「一個中心、兩個基本點」割裂甚至對立起來。以「經濟建設為中心」興國，用「四項基本原則」立國，以「改革開放」強國，三者有機統一而融為一塊整鋼，共同打造了中國特色社會主義偉大事業健康發展的神功護體。在繼續推進中國特

色社會主義事業健康發展過程中，要繼續防止和克服以下幾方面的錯誤傾向：因以經濟建設為中心而「只顧拉車不抬頭看路」；因新常態出現而扭轉經濟建設為中心；因改革開放中出現一些問題借「反思」而否定和不繼續改革開放；因要全面深化改革、深化市場經濟體制建設就主張搞西方制度那一套而不要四項基本原則甚至否定四項基本原則；因堅持四項基本原則就認為「左」而影響經濟建設和改革開放。這些錯誤傾向有「左」有右，其目的都是在故意割裂甚至對立三者關係，企圖誤導中國發展方向。在社會主義建設、改革中，我們既吃過「左」的虧，也出現了許多右方面的問題。「一個中心、兩個基本點」之間的關係猶如車須兩輪、鳥必雙翼，拆卸無以運轉、偏廢必遭傾覆。它們之間不可分割，更不能相互對立。改革開放史證明，什麼時候割裂、對立三者關係，什麼時候中國特色社會主義就遭遇挫折；什麼時候堅持了三者的有機統一，什麼時候中國特色社會主義就充滿生機活力。因此，任何時候我們都不能割裂、對立三者關係。

（三）旗幟鮮明地反對和抵制故意歪曲和拆散四項基本原則這一「成套設備」的錯誤言行，防止在根本性問題上犯顛覆性錯誤。在社會主義國家經歷 20 世紀 80 年代末和 90 年代初的災難後，鄧小平同志晚年深刻地認識到「立國之本」的四項基本原則對經濟建設和改革開放的重要性，他強調，四項基本原則是「成套設備」，沒有「四個堅持」，中國什麼事情也搞不好，會出問題，而且不是出小問題；「現在經濟發展這麼快，沒有四個堅持，究竟是個什麼局面？」這恐怕是不難想像的。毫無疑問，拋棄了「四個堅持」就一定會在根本性問題上犯下顛覆性錯誤。對此，習近平總書記把堅持還是否定四項基本原則定位為一個大是大非的政治原則問題。現在，有人藉口黨的十八屆

六中全會提出「堅持四項基本原則，根本是堅持黨的領導，堅持中國特色社會主義道路、中國特色社會主義理論體系、中國特色社會主義制度、中國特色社會主義文化」，認為堅持四項基本原則就只要堅持中國共產黨的領導和包括中國特色社會主義道路、理論體系、制度、文化「四位一體」的中國特色社會主義就行；甚至認為中國特色社會主義不是科學社會主義，主張用中國特色社會主義道路替換社會主義道路，用中國特色社會主義制度替換人民民主專政，用中國特色社會主義理論體系替換馬列主義和毛澤東思想。殊不知，離開了馬列主義和毛澤東思想這一思想靈魂，共產黨還能成其為「共產黨」嗎？離開了人民民主專政這一國體，共產黨還有附著物嗎？「皮之不存，毛將焉附。」其實，黨的十八屆六中全會的這種表述沒有任何錯誤，因為，辦好中國的事，關鍵在黨，黨的領導是中國特色社會主義最本質的特徵；中國特色社會主義道路就是社會主義道路，而不是如有些人私底下認為的中國特色社會主義就是西方特色的民主主義或中國特色的資本主義；人民民主專政國體與人民代表大會政體是高度一致的，堅持人民代表大會這一中國特色社會主義根本政治制度就必須堅持人民民主專政；中國特色社會主義理論體系是對馬列主義、毛澤東思想的堅持和發展，堅持中國特色社會主義理論體系就是堅持馬列主義、毛澤東思想。這些錯誤理解不是頭腦不清醒、立場不堅定，就是在歪曲、否定四項基本原則這一立國之本，這對我們堅持和發展中國特色社會主義極為有害，必須旗幟鮮明地加以反對和抵制。

改革開放 40 多年的實踐證明，黨的基本路線是興國、立國、強國的根本法寶，是實現科學發展的政治保證，是黨和國家的生命線，是人民群眾的幸福線，是我們在新的歷史時代不斷拓展中國特色社會主

義道路的基石。我們要始終堅持黨的基本路線不動搖，做到思想上堅信不疑、行動上堅定不移，既不走封閉僵化的「老路」，也不走改旗易幟的「邪路」，而是固守科學社會主義的「正路」，不斷堅持和拓展中國特色社會主義道路。

第三節　總體佈局是中國特色社會主義事業的結構系統

　　系統論講究「結構決定功能」，系統的結構如何決定著系統的功能。中國特色社會主義偉大事業就是一個有機系統，要使各項功能發揮出來並形成「一加一大於二」的合力效應，就必須要有一個科學合理有序的結構。總體佈局，就是中國特色社會主義事業的結構。隨著在實踐中對共產黨執政規律、社會主義建設規律和人類社會發展規律認識的不斷深化，中國共產黨對中國特色社會主義的功能與結構也在不斷發展、豐富與完善。中國特色社會主義道路行進到此，它的總體布局基本定型，即形成了「五位一體」總體佈局。總體佈局把凝聚性的民主政治體制，效率性的市場經濟體制，產業與事業聯動的文化體制，政府主導性的社會體制，中國理念的生態文明體制有機聯合成一個偉大的系統結構。經驗證明，這種格局有著其他類型國家所沒有的獨特的資源整合與體制動員的優勢。

　　那麼作為中國特色社會主義事業領導核心的中國共產黨，是如何在實踐和認識中形成「五位一體」的總體佈局的呢？這其中經歷了一

個從「兩位一體」[1]到「五位一體」的漫長演變發展過程。

一、從「兩位一體」到「三位一體」

改革開放初期，鄧小平同志認識到社會主義物質文明和社會主義精神文明協調發展的重要性，明確指出要堅持兩個文明一起抓，兩手都要硬，只有兩個文明都搞好，才是有中國特色的社會主義。1982 年9 月，鄧小平同志在黨的十二大開幕詞中第一次提出了「建設有中國特色的社會主義」這個重要命題。十二大報告強調，全黨必須大力推進社會主義物質文明建設和精神文明建設，同時又強調「社會主義的物質文明和精神文明建設，都要靠繼續發展社會主義民主來保證和支持。建設高度的社會主義民主，是我們的根本目標和根本任務之一。」從這些表述可以看出，十二大報告已經把中國特色社會主義建設佈局勾畫為社會主義物質文明、精神文明和社會主義民主建設，初步具有了「三位一體」的雛形。1986 年，黨的十二屆六中全會正式明確地提出「社會主義現代化建設總體佈局」概念。十二屆六中全會通過的《關於社會主義精神文明建設指導方針的決議》指出，「我國社會主義現代化建設的總體佈局是：以經濟建設為中心，堅定不移地進行經濟體制改革，堅定不移地進行政治體制改革，堅定不移地加強精神文明建設，並且使這幾個方面互相配合，互相促進。」由此，經濟體制改革、政治體制改革、精神文明建設構成了社會主義現代化建設的總體佈局。

---

1 改革開放之初，我們黨關於社會主義現代化建設的總體思路是「一手抓物質文明，一手抓精神文明」，並沒有把「二位一體」作為一個確定的提法、概念提出來。

江澤民同志在黨的十五大報告中，提出了「什麼是社會主義初級階段有中國特色社會主義的經濟、政治和文化，怎樣建設這樣的經濟、政治和文化」。[1] 這裡面更直接地表達了現在意義上的經濟建設、政治建設、文化建設「三位一體」思想，但「經濟建設、政治建設、文化建設」這種「三位一體」的特定表述還未出現。真正意義上的「三位一體」概念同「四位一體」概念是同時出現於 2005 年 2 月胡錦濤同志在省部級主要領導幹部提高構建社會主義和諧社會能力專題研討班上的講話中。從前面的發展脈絡的分析中應該肯定的一點是，作為中國特色社會主義經濟、政治、文化協調發展的「三位一體」思想遠遠早於作為中國特色社會主義事業總體佈局的「三位一體」概念表述。

二、從「三位一體」到「四位一體」

20 世紀末，在全黨和全國各族人民的共同努力下，我國在總體上已達到了小康水準，但正如黨的十六大報告所指出的，「現在達到的小康還是低水準的、不全面的、發展很不平衡的小康」。由於體制的轉軌和社會的轉型，當時社會領域還存在諸如科技和教育落後、人口老齡化、收入差距擴大、社會保障不完善、社會環境惡化等很多問題。為了解決這些問題，就必須更加重視社會領域的建設，通過加強社會建設協調社會各方的利益關係，妥善處理好各種社會問題，才能把「低水準的、不全面的、發展很不平衡的小康」建設成為全面發展的小康

1《中國共產黨第十五次全國代表大會文件彙編》，人民出版社 1997 年版，第 19 頁。

社會。基於這種時代背景，黨的十六大之後，以胡錦濤為總書記的黨中央提出並全面闡述了社會建設理論。

　　2005 年 2 月，胡錦濤同志在省部級主要領導幹部提高構建社會主義和諧社會能力專題研討班上的講話，對社會主義社會建設理論的內容、意義和思想淵源做了系統闡述，並明確提出了構建社會主義和諧社會。講話強調：「隨著我國經濟社會的不斷發展，中國特色社會主義事業的總體佈局，更加明確地由社會主義經濟建設、政治建設、文化建設三位一體發展為社會主義經濟建設、政治建設、文化建設、社會建設四位一體。」他還同時指出，構建社會主義和諧社會同建設社會主義物質文明、政治文明、精神文明既有不可分割的緊密聯繫，又有各自的特殊領域和規律，是有機的統一體。自此之後，中國特色社會主義事業「四位一體」的總體佈局成為全黨共識。2006 年，黨的十六屆六中全會通過的《關於構建社會主義和諧社會若干重大問題的決定》進一步強調「推動社會建設與經濟建設、政治建設、文化建設協調發展」，並明確提出了「為把我國建設成為富強民主文明和諧的社會主義現代化國家而奮鬥」的命題，把我國社會主義現代化戰略目標由「三位一體」拓展為「四位一體」。黨的十七大報告在論述中國特色社會主義道路和中國特色社會主義建設目標時，都是以「四位一體」為依據的，十七大報告指出：「中國特色社會主義道路，就是在中國共產黨領導下，立足基本國情，以經濟建設為中心，堅持四項基本原則，堅持改革開放，解放和發展社會生產力，鞏固和完善社會主義制度，建設社會主義市場經濟、社會主義民主政治、社會主義先進文化、社會主義和諧社會，建設富強民主文明和諧的社會主義現代化國家。」「堅持中國特色社會主義經濟建設、政治建設、文化建設、

社會建設的基本目標和基本政策構成的基本綱領」。

三、從「四位一體」到「五位一體」

改革開放以來，中國經濟社會得到快速發展，人民生活水準越來越好。城市亮了、馬路寬了、高樓多了、錢包鼓了，可是河水變黑了、空氣污染了、資源枯竭了，「藍天白雲」「綠水青山」成了一種奢望。面對資源約束趨緊、環境污染嚴重、生態系統退化的嚴峻形勢，我們必須樹立尊重自然、順應自然、保護自然的生態文明理念，提出並闡述了生態文明建設理論。

黨的十七大報告在論述實現全面建設小康社會戰略目標新要求時，在強調加強經濟建設、政治建設、文化建設、社會建設的同時首次提出了「建設生態文明」的新要求，但是十七大報告並沒有把生態文明建設提到與經濟建設、政治建設、文化建設、社會建設並列為一體的戰略高度。2010 年 10 月召開的黨的十七屆五中全會通過的《中共中央關於制定國民經濟和社會發展第十二個五年規劃的建議》，對中國特色社會主義總體佈局用了「社會主義經濟建設、政治建設、文化建設、社會建設以及生態文明建設」的表述。2011 年，黨的十七屆六中全會通過的《中共中央關於深化文化體制改革、推動社會主義文化大發展大繁榮若干重大問題的決定》也強調要「進一步推動文化建設與經濟建設、政治建設、社會建設以及生態文明建設協調發展」。2012 年 7 月，胡錦濤同志在省部級主要領導幹部專題研討班開班式上的重要講話中，全面闡述了中國特色社會主義經濟建設、政治建設、文化建設、社會建設的戰略任務之後，系統闡述了生態文明建設，並

進一步強調「必須把生態文明建設的理念、原則、目標等深刻融入和全面貫穿到我國經濟、政治、文化、社會建設的各方面和全過程。」所有這些都為「五位一體」總體佈局思想的形成奠定了基礎。2012年11月，黨的十八大第一次把生態文明建設與經濟建設、政治建設、文化建設、社會建設並列，共同構成了中國特色社會主義事業「五位一體」總體佈局。十八大報告強調，「建設中國特色社會主義，總依據是社會主義初級階段，總佈局是五位一體，總任務是實現社會主義現代化和中華民族偉大復興。」並明確指出，必須把生態文明建設放在突出地位，融入經濟建設、政治建設、文化建設、社會建設各方面和全過程，努力建設美麗中國，實現中華民族永續發展。「五位一體」總體佈局思想的提出，不僅從視野上開闊了中國特色社會主義道路的前景，對中國特色社會主義建設規律和人類社會發展規律的認識也深化了一步，並且從價值目標取向上超越了中華民族偉大復興的高度而指向人類理想社會。

第四節　實現中華民族偉大復興中國夢的必由之路

2012年11月29日，新一屆中央領導集體在國家博物館參觀《復興之路》展覽時，習近平總書記鮮明地提出「中國夢」，並深入地闡述了「中國夢」的科學內涵。2013年3月17日，習近平總書記在十二屆全國人大一次會議上明確指出：「實現中華民族偉大復興的中國夢，就是要實現國家富強、民族振興、人民幸福。」實現中華民族偉大復興是近代以來全國人民的期望和夢想，而道路問題是實現民族

復興的首要問題。實現中華民族偉大復興中國夢的道路，就是中國特色社會主義道路。這既指明了中華民族偉大復興中國夢的實現路徑，又強調和彰顯了堅持中國特色社會主義道路的重要性。

一、改革開放 40 多年的實踐表明，中國特色社會主義道路是實現中華民族偉大復興中國夢的正確抉擇

實現中華民族偉大復興是近代以來中華民族最偉大的夢想。改革開放 40 多年的實踐表明，堅定不移走中國特色社會主義道路，卓有成效地解決了經濟文化相對落後的中國追求實現中華民族偉大復興中國夢所面臨的一系列歷史性課題，解決了許多長期想解決而沒有解決的難題，辦成了許多過去想辦而沒有辦成的大事，推動黨和國家事業發生歷史性變革。只有堅持中國特色社會主義道路，我們才能全面建成小康社會，加快推進社會主義現代化，完成中華民族偉大復興的歷史重任。

（一）中國特色社會主義道路明確了實現中華民族偉大復興中國夢的領導核心

中國共產黨的領導是中國特色社會主義最本質的特徵，是中國特色社會主義制度的最大優勢。中國共產黨一經成立，就把實現共產主義作為黨的最高理想和最終目標，義無反顧肩負起實現中華民族偉大復興的歷史使命。我們黨團結帶領人民完成了新民主主義革命、社會主義革命，確立了社會主義基本制度，推進社會主義建設；進行改革

開放新的偉大革命，開闢了中國特色社會主義道路。中國特色社會主義道路是黨領導人民經過長期探索實踐開創的，也只有在黨的領導下才能不斷向前發展。中國特色社會主義道路首先明確回答了實現中華民族偉大復興「誰來領導」的問題，強調中國共產黨擔負著團結帶領人民推進社會主義現代化、實現中華民族偉大復興的重任，從而使實現中華民族偉大復興有了堅強的領導核心。

（二）中國特色社會主義道路把握了中華民族偉大復興的實踐起點

中國特色社會主義道路科學分析國際形勢的變化和當代中國的歷史條件，對中國國情做出了「我國目前正處於並將長期處於社會主義初級階段」的科學判斷。中國特色社會主義道路強調牢牢立足社會主義初級階段這個基本國情，從而明確回答了實現社會主義現代化和中華民族偉大復興「從何處出發」的問題，科學地把握了中華民族偉大復興的實踐起點。

（三）中國特色社會主義道路揭示了中華民族偉大復興的實踐路徑

中國特色社會主義道路明確提出，以經濟建設為中心，堅持四項基本原則，堅持改革開放，解放和發展生產力，建設社會主義市場經濟、社會主義民主政治、社會主義先進文化、社會主義和諧社會、社會主義生態文明。這就明確回答了實現社會主義現代化和中華民族偉

大復興「怎麼實施」的問題，從興國之要、立國之本，強國之路、總體佈局等方面揭示了實現社會主義現代化和中華民族偉大復興清晰完整的實踐路徑。

（四）中國特色社會主義道路彰顯了中華民族偉大復興的價值追求

中國特色社會主義道路堅持馬克思主義根本立場，從當代中國發展進步的要求出發，把促進人的全面發展、逐步實現全體人民共同富裕作為自己的核心理念和價值追求。這就明確回答了實現社會主義現代化和中華民族偉大復興「為了誰」的問題，從而彰顯了實現社會主義現代化和中華民族偉大復興有了正確的價值追求。

（五）中國特色社會主義道路指向中華民族偉大復興的奮鬥目標

根據我國現代化進程的不斷推進、滿足人民群眾過上美好生活的新期待，黨的十七大報告確立了「建設富強民主文明和諧的社會主義現代化國家」的奮鬥目標，黨的十八大報告對奮鬥目標的表述進一步豐富，提出了「促進人的全面發展，逐步實現全體人民共同富裕，建設富強民主文明和諧的社會主義現代化國家」的奮鬥目標。黨的十九大報告又一次對奮鬥目標進行完善，提出「實現中華民族偉大復興的中國夢」「全體人民共同富裕基本實現」「建成富強民主文明和諧美麗的社會主義現代化強國」。這一目標的確立，明確回答了實現社會

主義現代化和中華民族偉大復興「向何處去」的問題，從而使實現中華民族偉大復興有了明確而豐富的具體內涵。[1]

二、中國特色社會主義新時代的特徵昭示，中國特色社會主義道路是實現中華民族偉大復興中國夢的必由之路

經過長期努力，中國特色社會主義進入了新時代，這是我國發展新的歷史方位。這個新時代，是承前啟後、繼往開來、在新的歷史條件下繼續奪取中國特色社會主義偉大勝利的時代，是決勝全面建成小康社會、進而全面建設社會主義現代化強國的時代，是全國各族人民團結奮鬥、不斷創造美好生活、逐步實現全體人民共同富裕的時代，是全體中華兒女勠力同心、奮力實現中華民族偉大復興中國夢的時代，是我國日益走近世界舞臺中央、不斷為人類做出更大貢獻的時代。中國特色社會主義進入新時代，意味著近代以來久經磨難的中華民族迎來了從「站起來」「富起來」到「強起來」的偉大飛躍，迎來了實現中華民族偉大復興的光明前景。中國特色社會主義新時代的歷史使命和時代特徵昭示著我們，中國特色社會主義道路是實現社會主義現代化、創造人民美好生活的必由之路，是實現中華民族偉大復興中國夢的必由之路。堅持中國特色社會主義道路就必須拓展中國特色社會主義道路，只有拓展中國特色社會主義道路才是真正堅持中國特色社

---

1 宋福範：〈中國特色社會主義道路是中華民族偉大復興之路〉，《中國黨政幹部論壇》2012 年第 12 期。

會主義道路。

（一）中國特色社會主義道路不斷豐富了中華民族偉大復興的奮鬥目標

經過改革開放 40 多年的實踐探索與經驗總結，中國特色社會主義道路從探索中開創形成，在推進中不斷拓展。黨的十七大報告首次對中國特色社會主義道路進行了概括，十八大報告對此做了進一步界定，並豐富了中國特色社會主義道路的內涵。十九大報告更是站在歷史的高度，在統籌推進中國特色社會主義事業「五位一體」總佈局的進程中，進一步豐富了社會主義現代化和中華民族偉大復興的奮鬥目標，即由十八大報告中表述的「建設富強民主文明和諧的社會主義現代化國家」發展為「建成富強民主文明和諧美麗的社會主義現代化強國」。從本質上來講，社會主義現代化目標實際上就是中華民族偉大復興中國夢的奮鬥目標。中國特色社會主義道路的目標也就是中華民族偉大復興的奮鬥目標。

（二）新時代中國特色社會主義道路進一步安排了中華民族偉大復興的兩個階段

中國特色社會主義新時代的總任務是實現社會主義現代化和中華民族偉大復興，即在本世紀中葉建成富強民主文明和諧美麗的社會主義現代化強國。從黨的十九大到二十大，是「兩個一百年」奮鬥目標的歷史交匯期。我們既要全面建成小康社會、實現第一個百年奮鬥目標，又要乘勢而上開啟全面建設社會主義現代化國家新征程，向第二

個百年奮鬥目標進軍。綜合分析國際國內形勢和我國發展條件，我們可以把從二○二○年到本世紀中葉實現中華民族偉大復興的整個歷史時期分成兩個階段。

第一個階段，從二○二○年到二○三五年，在全面建成小康社會的基礎上，再奮鬥十五年，基本實現社會主義現代化。我國經濟實力、科技實力將大幅躍升，躋身創新型國家前列；人民平等參與、平等發展權利得到充分保障，法治國家、法治政府、法治社會基本建成，各方面制度更加完善，國家治理體系和治理能力現代化基本實現；社會文明程度達到新的高度，國家文化軟實力顯著增強，中華文化影響更加廣泛深入；人民生活更為寬裕，中等收入群體比例明顯提高，城鄉區域發展差距和居民生活水準差距顯著縮小，基本公共服務均等化基本實現，全體人民共同富裕邁出堅實步伐；現代社會治理格局基本形成，社會充滿活力又和諧有序；生態環境根本好轉，美麗中國目標基本實現。

第二個階段，從二○三五年到本世紀中葉，在基本實現現代化的基礎上，再奮鬥十五年，把我國建成富強民主文明和諧美麗的社會主義現代化強國。我國物質文明、政治文明、精神文明、社會文明、生態文明將全面提升，實現國家治理體系和治理能力現代化，成為綜合國力和國際影響力領先的國家，全體人民共同富裕基本實現，我國人民將享有更加幸福安康的生活，中華民族將以更加昂揚的姿態屹立於世界民族之林。

第五節　「國強不霸」的和平發展之路

中華民族是愛好和平的民族。和平、和睦、和諧的追求深深植根於中華民族的精神世界之中，深深溶化在中國人民的血脈之中。中國走和平發展道路，既有著深厚的歷史文化淵源和基礎，體現了中國人民的真誠願望和不懈追求，也是中國順應當今時代潮流、走向現代化的必然要求。

早在 20 世紀 50 年代，周恩來同志提出了獨立自主的外交政策與「和平共處五項基本原則」；20 世紀 70 年代毛澤東同志提出「三個世界」理論；20 世紀 80 年代初和 20 世紀 90 年代初，鄧小平同志提出時代主題已由「革命與戰爭」轉變為「和平與發展」和「冷靜觀察、穩住陣腳、沉著應付、韜光養晦、善於守拙、決不當頭、有所作為」對外關係指導方針；20 世紀 90 年代，江澤民同志提出「和平、合作、發展、進步」思想和重要戰略機遇期的科學判斷；20 世紀初，胡錦濤同志提出「和諧世界」理論，2005 年年底，中國政府專門發表《中國的和平發展道路》白皮書，闡述了中國走和平發展道路的立場和決心；十八大以來，習近平總書記宣導的構建人類命運共同體、「一帶一路」倡議、共商共建共用理念、正確義利觀等都是中國走和平發展之路的體現。從歷史看，中國不光是提出各種和平發展理念，更為關鍵和重要的是中國共產黨一直在照此做，做到了真正的言行一致；從效果看，中國崛起的同時沒有給世界帶來戰爭和侵略，帶去的只是友誼、幫助和利益，帶去的是推進世界和平發展。正如有學者所說，「中國特色

社會主義現代化道路的不斷開拓，本身就是對於人類文明和世界和平發展的偉大貢獻。」[1]

一、和平發展之路的基本依據：和平與發展是當今時代主題

　　20 世紀 80 年代，鄧小平同志根據國際形勢的深刻變化，得出了「戰爭是可以避免的」這一結論，敏銳地把握到時代的主題已開始由「戰爭與革命」轉變為「和平與發展」，及時提出「和平與發展是當代世界的兩大主題」的科學論斷。1984 年 5 月 29 日，在會見巴西總統菲格雷多時，他首先提出了和平與發展是時代主題的思想。1985 年 3 月 4 日，鄧小平同志在會見日本工商會議所訪華團時，更直接提出，「現在世界上真正大的問題，帶全球性的戰略問題，一個是和平問題，一個是經濟問題或者說發展問題。和平問題是東西問題，發展問題是南北問題。概括起來，就是東西南北四個字。」[2] 所謂和平問題，主要是指維護世界和平、防止新的世界大戰的問題，也包括用和平手段解決國際爭端、制止局部戰爭問題。和平問題關係著人類的生存和命運，是人類進步的必要前提。所謂發展問題，既包括各種不同類型國家和地區的發展和再發展，又包括經濟、社會、科技、文化等各個領域的綜合協調發展。

　　21 世紀初，面對世界多極化和經濟全球化的發展，江澤民同志指

---

1 侯惠勤：〈中國特色社會主義的價值基礎〉，《思想政治工作研究》2009 年第 8 期。
2 《鄧小平文選》第 3 卷，人民出版社 1993 年版，第 105 頁。

出，「進入新世紀，和平與發展仍然是時代的主題。世界要和平，人民要合作，國家要發展，社會要進步，是時代的潮流。」2004 年 4 月，胡錦濤同志指出，「儘管當今世界還存在著這樣那樣的矛盾和衝突，不確定不穩定因素有所增加，但和平與發展仍是當今時代的主題，世界要和平、國家要發展、人民要合作是不可阻擋的歷史潮流。」黨的十八大報告進一步指出，「國際力量對比朝著有利於維護世界和平方向發展，保持國際形勢總體穩定具備更多有利條件。」黨和國家基於對當今時局的準確把握，強調要堅持走和平發展道路，要在與其他國家的良性互動和互利共贏中開拓前進。2015 年 9 月，習近平主席在聯合國發展峰會上的講話指出，「和平與發展仍然是當今時代兩大主題」「要解決好各種全球性挑戰，根本出路在於謀求和平、實現發展。」[1]黨的十九大再一次向世人強調，「世界正處於大發展大變革大調整時期，和平與發展仍然是時代主題」，中國將堅定不移走和平發展道路。

二、和平發展之路的具體內涵

和平發展道路自提出以來，在理念和實踐中得到了不斷的推進，初步形成一個完整的和平發展戰略體系。中國走和平發展道路，在主權問題上，堅持國家不分大小、強弱、貧富一律平等，尊重各國獨立、主權、領土完整，尊重各國自主選擇社會制度和發展道路，決不把自己的意志強加於人，也決不允許任何人把他們的意志強加於中國

---

1 習近平：〈謀共同永續發展做合作共贏夥伴〉，新華網，2015 年 9 月 27 日。

人民，主張通過對話協商以和平方式解決分歧和爭端，反對各種形式的霸權主義和強權政治，永遠不稱霸，永遠不搞擴張。在安全問題上，宣導共同、綜合、合作、可持續安全的理念，尊重和保障每一個國家的安全，加強國際和地區合作，共同應對日益增多的非傳統安全威脅，堅決打擊一切形式的恐怖主義，剷除恐怖主義滋生的土壤。在發展問題上，維護和發展開放型世界經濟，促進世界經濟強勁、可持續、平衡增長，推動貿易和投資自由化便利化，堅持開放的區域合作，反對各種形式的保護主義，反對任何以鄰為壑、轉嫁危機的意圖和做法，努力建立更加平等均衡的新型全球發展夥伴關係，夯實世界經濟長期穩定發展基礎。在合作問題上，宣導人類命運共同體意識，在追求本國利益時兼顧他國合理關切，在謀求本國發展中促進各國共同發展，努力擴大各方共同利益的匯合點，樹立雙贏、多贏、共贏的新理念，堅持同舟共濟、權責共擔，攜手應對日益增多的全球性問題，共同呵護人類賴以生存的地球家園。在文明交流問題上，堅持包容互鑑，尊重世界文明多樣性，推動不同文明交流對話、和平共處、和諧共生，積極宣導交流互鑑，注重汲取不同國家、不同民族創造的優秀文明成果，取長補短、兼收並蓄，共同繪就人類文明美好畫卷。在國際關係問題上，維護和弘揚國際公平正義，推動國際關係民主化、法治化、合理化，推進全球治理體系改革，體現各方關切和訴求，推動國際秩序朝著更加公正合理的方向發展。[1]

---

1 本刊評論員：〈堅定不移走和平發展道路〉，《求是》2014 年第 18 期。

三、和平發展之路的實質：國強不霸

　　這些年來，隨著中國的不斷發展壯大，有些西方國家、有些西方學者對中國的發展走向產生了種種誤讀，或者肆意曲解。「中國擴張論」「中國威脅論」「國強必霸論」等論調在不同時期不同階段充斥著西方媒體。中國是和平共處五項原則的積極宣導者和堅定實踐者。走和平發展道路是中國根據時代發展潮流和自身根本利益做出的戰略抉擇，中國將堅定不移在和平共處五項原則基礎上發展同世界各國的友好合作。2014 年 3 月 27 日，習近平主席在中法建交 50 周年紀念大會上向西方世界宣示，中國給世界帶來的是機遇不是威脅，是和平不是動蕩，是進步不是倒退，「拿破崙說過，中國是一頭沉睡的獅子，當這頭睡獅醒來時，世界都會為之發抖。中國這頭獅子已經醒了，但這是一隻和平的、可親的、文明的獅子。」2015 年 11 月 7 日，國家主席習近平在新加坡國立大學發表演講時又一次強調，中國繁榮昌盛是趨勢所在，但國強必霸不是歷史定律。

　　中國人民崇尚「己所不欲，勿施於人」。中國人的血脈中沒有稱王稱霸、窮兵黷武的基因，中國不認同「國強必霸論」。中國將堅定不移沿著和平發展道路走下去，這對中國有利，對亞洲有利，對世界也有利，任何力量都不能動搖中國和平發展的信念。中國堅定維護自身的主權、安全、發展利益，也支持其他國家特別是廣大發展中國家維護自身的主權、安全、發展利益。中國堅持不干涉別國內政原則，不會把自己的意志強加於人，即使再強大也永遠不稱霸。「凡交，近則必相靡以信，遠則必忠之以言。」中國堅持按照親、誠、惠、容的理念，與鄰為善、以鄰為伴的周邊外交方針深化同周邊國家的關係，

努力使自身發展更好惠及周邊國家。中國堅持把發展中國家作為對外政策的基礎,堅持正確義利觀,永遠做發展中國家的可靠朋友和真誠夥伴。中國重視各大國的地位和作用,致力於同各大國發展全方位合作關係,積極同美國發展新型大國關係,同俄羅斯發展全面戰略協作夥伴關係,同歐洲建造和平、增長、改革、文明夥伴關係,共同維護世界和平、促進共同發展。

歷經苦難的中國人民珍惜和平,絕不會將自己曾經遭受過的悲慘經歷強加給其他民族。中國將高舉和平、發展、合作、共贏的旗幟,恪守維護世界和平、促進共同發展的外交政策宗旨,堅定不移在和平共處五項原則基礎上發展同各國的友好合作,推動建設相互尊重、公平正義、合作共贏的新型國際關係。中國人民願意同世界各國人民和睦相處、和諧發展,共謀和平、共護和平、共用和平,走和平發展之路,努力打造人類命運共同體。人類命運共同體這一全球價值觀也得到了越來越多的國際認同和讚揚,從而有力地解構了西方一些國家「國強必霸」的歷史陳見。中國特色社會主義道路是一條不同於西方大國的現代化道路,是一條「國強不霸」的和平發展道路。

中國特色社會主義道路對理論和制度的貢獻

中國特色社會主義道路在開創、推進和不斷發展完善的過程中，其在各方面各領域取得的輝煌成就，給中國帶來了數千年未有之歷史性巨變。中國特色社會主義道路在不斷地給中國人民以幸福、給中華民族以復興之路徑的同時，以偉大道路實踐豐富著中國化馬克思主義理論體系，完善著中國特色社會主義制度體系。

第一節　在道路開拓中形成並不斷發展和豐富中國特色社會主義理論體系

中國特色社會主義道路的開闢進程，就是中國特色社會主義理

論體系的形成過程。隨著中國特色社會主義道路的不斷拓展，中國特色社會主義理論體系也得到不斷的豐富發展和完善。中國特色社會主義理論體系的發展、完善，又為堅持和發展中國特色社會主義道路提供理論指導和實踐支撐。道路與理論就是這樣相輔相成，共生共存共長。

一、鄧小平理論的形成：中國特色社會主義理論體系的本源

鄧小平同志曾說過，我們的事業「不是靠本本，而是靠實踐，靠實事求是」，比如說，「農村搞家庭聯產承包，這個發明權是農民的。農村改革中的好多東西，都是基層創造出來，我們把它拿來加工提高作為全國的指導。」[1] 這句形象地揭示出理論產生的原因及理論與實踐的關係，即理論來自實踐，是對實踐經驗的總結與提升；理論又去指導實踐，接受實踐的檢驗。鄧小平理論的形成也不例外。鄧小平理論是在上述中國特色社會主義實踐的開創中不斷發展、成熟和終成的。從理論發展邏輯分析，它可以劃分為四個階段。

（一）理論準備和初步提出階段：黨的十一屆三中全會到黨的十一屆六中全會

1979 年 3 月 30 日，針對撥亂反正過程中出現的錯誤思潮，中央

1《鄧小平文選》第 3 卷，人民出版社 1993 年版，第 382 頁。

專門召開理論工作務虛會，鄧小平同志代表中共中央做了題為〈堅持四項基本原則〉的講話。在講話中，鄧小平同志旗幟鮮明地強調，必須堅持社會主義道路，堅持人民民主專政，堅持中國共產黨的領導，堅持馬克思列寧主義、毛澤東思想，並明確指出，「四項基本原則」「是實現四個現代化的根本前提」。[1]至此，以經濟建設為中心，堅持改革開放，堅持四項基本原則陸續提出，「一個中心、兩個基本點」思想開始形成，為新時期黨的基本路線奠定了基礎。

社會主義初級階段思想最初萌芽於 1979 年 9 月 29 日葉劍英同志在國慶 30 周年的講話中，他說：「社會主義制度還處在幼年時期……但是，它還不成熟，不完善」[2]，「在我國實現現代化，必然要有一個由初級到高級的過程」[3]。1981 年 6 月，黨的十一屆六中全會通過的《關於建國以來黨的若干歷史問題的決議》第一次明確指出，「我國的社會主義制度還是處於初級的階段」。《決議》在系統總結 32 年正反兩方面經驗的基礎上，提出了適合我國情況的社會主義現代化建設正確道路的十點經驗。十點經驗總結，實際上就是後來鄧小平理論的雛形。

（二）理論形成基本輪廓階段：黨的十二大到十三大

1982 年 9 月 1 日，鄧小平同志在黨的十二大開幕詞中，第一次提

---

1 《鄧小平文選》第 2 卷，人民出版社 1994 年版，第 164 頁。
2 《葉劍英選集》，人民出版社 1996 年版，第 527 頁。
3 《葉劍英選集》，人民出版社 1996 年版，第 539 頁。

出和使用「建設有中國特色的社會主義」這一科學概念。第一，十二大報告第一次從經濟、政治、思想文化三方面系統概括了社會主義社會的基本特徵，提出物質文明與精神文明「兩位一體」的社會主義總體佈局，為後面的「三位一體」「四位一體」和「五位一體」的總體布局奠下基礎。第二，十二大破除計劃與市場關係上決然對立的觀念束縛，提出「計劃經濟為主，市場調節為輔」，為經濟體制進一步的變革預留了彈性的政治空間。關於社會主義與市場經濟的關係，1979年11月26日，鄧小平同志在會見外賓談話中提出社會主義也可以搞市場經濟的思想，指出「我們是計劃經濟為主，也結合市場經濟，但這是社會主義的市場經濟」。[1] 第三，十二大設置了到本世紀末的戰略目標和實現戰略目標的「兩步走」戰略步驟，為黨的十三大報告提出實現現代化「大三步走」戰略和十五大報告提出「小三步走」戰略做下了厚實的鋪墊。第四，「把我國建設成為高度民主的社會主義國家」提升至新時期的「總任務」的高度，表明黨經歷十年內亂後，對沒有民主就沒有社會主義達成了共識。這為黨的十三大報告籌劃政治體制改革和黨的十六大報告提出政治文明建設做下鋪墊。

黨的十二大以後，鄧小平同志建設有中國特色社會主義理論的基本框架逐步形成。1987年，黨的十三大系統闡述了理論的基本輪廓，明確提出我國處於社會主義初級階段，概括和全面闡述了黨的「一個中心、兩個基本點」的基本路線，確定了建設有中國特色社會主義的六條具有長遠意義的指導方針，並明確提出了我國「三步走」實現現

1《鄧小平文選》第2卷，人民出版社1994年版，第236頁。

代化戰略目標的戰略步驟，並提出了政治體制改革的任務。至此，我們黨已經對建設有中國特色社會主義的理論有了比較充分的論述，標志著鄧小平同志建設有中國特色社會主義理論的初步形成。

（三）理論走向成熟、確立體系階段：黨的十三大到十四大

1990年，黨的十三屆七中全會通過的《中共中央關於制定國民經濟和社會發展十年規劃和「八五」計畫的建議》，首次對鄧小平同志建設有中國特色社會主義基本理論和基本實踐概括為十二條原則。這十二條原則表明，我們黨對社會主義的認識進入了一個新階段。1992年年初，鄧小平同志在視察南方時的重要談話中，進一步科學地總結了十一屆三中全會以來黨的基本實踐經驗，鮮明地回答了經常困擾和束縛人們思想的許多重大思想理論問題，從而使鄧小平理論的主線和輪廓更加清晰。這個談話是對社會主義認識的新飛躍，是科學社會主義理論的新發展。在南方談話精神的指導下，黨的十四大報告從更寬廣的視野和更高的理論層次，概括了建設有中國特色社會主義理論的科學體系，確立了這一理論在全黨的指導地位。

（四）理論進一步豐富發展和正式命名階段：從十四大到十五大

黨的十五大明確提出和使用鄧小平理論的科學概念，進一步闡明鄧小平理論是馬克思主義在中國發展的新階段，並且把鄧小平理論確立為黨的指導思想，寫進黨章。這標誌著鄧小平理論的正式確立和命

名。鄧小平理論解決的主要是「什麼是社會主義，怎樣建設社會主義」問題。

二、「三個代表」重要思想：對中國特色社會主義理論體系的發展

「三個代表」重要思想是以江澤民同志為核心的第三代中央領導集體在建設中國特色社會主義實踐中，經過長時期理論思考的產物，是對中國特色社會主義理論體系的發展。

（一）「三個代表」重要思想的提出有其相應的國內與國際背景

20 世紀 80 年代，當時國內隨著改革開放的深入和社會主義市場經濟的發展，中國社會生活發生廣泛而深刻的變化，社會經濟成分、組織形式、利益分配和就業方式的多樣化進一步發展。舊的平衡打破之後新的平衡尚處於建立和完善過程之中，人民內部矛盾日趨複雜化和多樣化。與此同時，一部分黨員幹部存在著思想僵化、信念動搖、組織渙散、作風浮漂，特別是腐敗問題。為此，鄧小平同志在南方談話中特別提出「中國要出問題，還是出在共產黨內部」[1]的警示。進入90 年代，中國共產黨領導層整體性進入新老交替的重要時刻，特別是從 2000 年起到新世紀頭十幾、二十年，一大批年輕幹部要走上中高級

1《鄧小平文選》第 3 卷，人民出版社 1993 年版，第 380 頁。

領導崗位。在這種情況下,從嚴治黨,進一步全面提高全黨特別是黨的幹部隊伍的素質,成為十分緊迫的任務。所有這些,都必須緊密結合實際來進行思考和研究,積極探索在新形勢下加強黨的建設的有效途徑和辦法。如何保證我們黨始終走在時代的前列,始終走在領導中華民族偉大復興事業的前列,使我們黨在思想上政治上組織上進一步鞏固起來,經得起任何風險的考驗,始終擺在以江澤民同志為核心的第三代中央領導集體面前。在國際上,遭遇西方資本主義集團的集體性的經濟封鎖,特別是加入 WTO 後,中國面臨的國際環境更加複雜。在世界社會主義運動中,蘇聯解體,東歐劇變,這些國家紛紛改旗易幟,走上資本主義道路。吸取蘇東劇變的教訓,必須始終不渝地加強黨的建設,通過加強自身建設來保持黨的先進性,以不斷提高黨的執政能力和領導水準。那如何加強黨的自身建設?同樣擺在了中國共產黨作為執政黨的面前。

(二)長期思考,水到渠成

2000 年 2 月 25 日,江澤民同志在廣東省考察工作時,從全面總結黨的歷史經驗和如何適應新形勢新任務的要求出發,首次對「三個代表」重要思想進行了比較全面的闡述。他提出,總結中國共產黨七十多年的歷史,可以得出一個重要的結論,這就是:中國共產黨所以贏得人民的擁護,是因為中國共產黨在革命、建設、改革的各個歷史時期,總是代表著中國先進生產力的發展要求,代表著中國先進文化的前進方向,代表著中國最廣大人民的根本利益,並通過制定正確的路線方針政策,為實現國家和人民的根本利益而不懈奮鬥。2001 年

7月1日，江澤民同志在中共建黨80周年大會上的講話中，將其概括為中國共產黨的指導思想。在2002年「5‧31」講話中，江澤民同志就「三個代表」的理論性質和落實要求做了進一步闡述，他指出：「『三個代表』與馬克思列寧主義、毛澤東思想和鄧小平理論一脈相承，反映了當代世界和中國的發展變化對黨和國家工作的新要求。『三個代表』是加強和改進黨的建設、推進我國社會主義制度自我完善和發展的強大理論武器。」

　　「三個代表」重要思想不僅僅是就黨的建設而言，它是一個完整的科學理論體系，並有著豐富的科學內涵：中國共產黨要始終代表中國先進生產力的發展要求，就是黨的理論、路線、綱領、方針、政策和各項工作，必須努力符合生產力發展的規律，體現不斷推動社會生產力的解放和發展的要求，尤其要體現推動先進生產力發展的要求，通過發展生產力不斷提高人民群眾的生活水準。中國共產黨要始終代表中國先進文化的前進方向，就是黨的理論、路線、綱領、方針、政策和各項工作，必須努力體現發展面向現代化、面向世界、面向未來的，民族的科學的大眾的社會主義文化的要求，促進全民族思想道德素質和科學文化素質的不斷提高，為我國經濟發展和社會進步提供精神動力和智力支持。中國共產黨要始終代表中國最廣大人民的根本利益，就是黨的理論、路線、綱領、方針、政策和各項工作，必須堅持把人民的根本利益作為出發點和歸宿，充分發揮人民群眾的積極性主動性創造性，在社會不斷發展進步的基礎上，使人民群眾不斷獲得切實的經濟、政治、文化利益。

　　「三個代表」重要思想是江澤民同志長期以來思考的理論成果，是以江澤民同志為核心的中國共產黨人在對黨的80年歷史經驗的高度

總結、對當今世界和中國發展變化趨勢和特徵認真分析研究、對黨在新的歷史條件下所擔負的使命和對執政黨的性質與宗旨進一步認識的基礎上形成的科學理論。它創造性地回答了「建設什麼樣的黨、怎樣建設黨」的問題，開闢了馬克思主義理論在當代中國發展的新境界。它不僅具有鮮明的時代特徵，而且體現這一歷史階段面臨的歷史任務。它不僅是中國共產黨自身建設的重大課題，而且事關改革開放和中國特色社會主義道路的成敗，事關黨、國家和民族的前途命運。它統一于黨的建設的各方面，統一于黨領導人民進行改革和社會主義現代化建設的全過程，是中國共產黨的立黨之本、執政之基、力量之源。

三、科學發展觀：對中國特色社會主義理論體系的深化

科學發展觀，是以胡錦濤為總書記的中央領導集體在建設中國特色社會主義實踐中，對走過 24 年的改革開放所取得的發展成就與存在的發展上的問題，進行經驗總結與理論思考的產物。科學發展觀，是對黨的三代中央領導集體關於發展的重要思想的繼承和發展，是馬克思主義關於發展的世界觀和方法論的集中體現，是同馬克思列寧主義、毛澤東思想、鄧小平理論和「三個代表」重要思想既一脈相承又與時俱進的科學理論。

科學發展觀源發於改革開放 24 年來表現出諸多的發展上存在的問題。發展科學不科學，要由發展實踐來檢驗。改革開放以來，我國取得舉世矚目的發展成就，從生產力到生產關係、從經濟基礎到上層建築都發生了意義深遠的重大變化。但我國仍處於並將長期處於社會主

義初級階段的基本國情沒有變,人民日益增長的物質文化需要同落後的社會生產之間的矛盾沒有變,長期形成的結構性矛盾和粗放型增長方式尚未根本改變,影響發展的體制機制障礙依然存在,收入分配差距拉大的趨勢還未根本扭轉,縮小城鄉、區域發展差距和促進經濟社會協調發展任務艱巨,這些矛盾的凸現又使我國的經濟社會發展面臨一系列嚴峻挑戰。在「以經濟建設為中心」和「發展是硬道理」的指揮棒下,過度地追求增長的數量,追求增長的速度,沒有正確處理好增長的數量和品質、速度和效益的關係,更沒有處理好發展與穩定的關係,結果出現一定程度上人與社會關係的失調、人與自然關係的失調,甚至人與人之間的關係也出現嚴重失衡,道德嚴重滑坡,誠信嚴重缺失。還有,社會主義民主法制建設、社會主義精神文明建設、各項社會事業的發展、資源環境保護和生態文明建設等方面都存在不同程度上的忽視。

這些問題都可歸因於發展問題,當然,發展中出現的問題還是要依靠發展來解決。依靠以前的發展觀肯定不行,必須有新的創新才能發揮作用。2003 年上半年,正值「非典」在全國肆虐。「非典」集中暴露出中國改革開放以來在發展中存在的上述問題。是年 7 月 28 日,胡錦濤同志在全國防治非典工作會議上的講話中提出:「我們講發展是黨執政興國的第一要務,這裡的發展絕不只是指經濟增長,而是要堅持以經濟建設為中心,在經濟發展的基礎上實現社會全面發展。我們要更好地堅持全面發展、協調發展、可持續發展的發展觀,更加自覺地堅持推動社會主義物質文明、政治文明和精神文明協調發展,堅持在經濟社會發展的基礎上促進人的全面發展,堅持促進人與自然的

和諧。」[1] 這是中央領導同志講話中第一次概括科學發展觀的內涵。2003 年 8 月 28 日至 9 月 1 日，胡錦濤同志在江西考察工作時，正式提出「科學發展觀」這個重要概念。2003 年 10 月十六屆三中全會通過的《中共中央關於完善社會主義市場經濟體制若干問題的決定》提出：「堅持統籌兼顧，協調好改革進程中的各種利益關係。堅持以人為本，樹立全面、協調、可持續的發展觀，促進經濟社會和人的全面發展。」[2] 2004 年 3 月 10 日，胡錦濤同志在中央人口資源環境工作座談會上，對科學發展觀的深刻內涵進行了詳細闡述。他指出：「堅持以人為本，就是要以實現人的全面發展為目標，從人民群眾的根本利益出發謀發展、促發展，不斷滿足人民群眾日益增長的物質文化需要，切實保障人民群眾的經濟、政治和文化權益，讓發展的成果惠及全體人民。全面發展，就是要以經濟建設為中心，全面推進經濟、政治、文化建設，實現經濟發展和社會全面進步。協調發展，就是要統籌城鄉發展、統籌區域發展、統籌經濟社會發展、統籌人與自然和諧發展、統籌國內發展和對外開放，推進生產力和生產關係、經濟基礎和上層建築相協調，推進經濟、政治、文化建設的各個環節、各個方面相協調。可持續發展，就是要促進人與自然的和諧，實現經濟發展和人口、資源、環境相協調，堅持走生產發展、生活富裕、生態良好的文明發展道路，保證一代接一代地永續發展。」[3]

　　2007 年，胡錦濤在十七大報告中提出，科學發展觀第一要義是發

1《十六大以來重要文獻選編》（上），中央文獻出版社 2005 年版，第 396 頁。
2《十六大以來重要文獻選編》（上），中央文獻出版社 2005 年版，第 82 頁。
3《十六大以來重要文獻選編》（上），中央文獻出版社 2005 年版，第 850 頁。

展，核心是以人為本，基本要求是全面協調可持續性，根本方法是統籌兼顧；指明我們進一步推動中國經濟改革與發展的思路和戰略，明確了科學發展觀是指導經濟社會發展的根本指導思想，標誌著中國共產黨對於社會主義建設規律、社會發展規律、共產黨執政規律的認識達到新的高度，標誌著馬克思主義和新的中國國情相結合達到新的高度和階段。黨的十八大通過的黨章修正案，把科學發展觀同馬克思列寧主義、毛澤東思想、鄧小平理論、「三個代表」重要思想一道確立為黨的行動指南。科學發展觀順應歷史發展趨勢，進一步系統地回答了「什麼是發展，為什麼發展，怎麼樣發展」的問題。它一方面對中國社會主義發展經驗教訓進行了總結，另一方面又吸取了當代國外發展中的經驗教訓並在一定意義有所超越；它一方面體現了社會主義的內在要求，另一方面又是全面建成小康社會實踐的需要。

四、習近平新時代中國特色社會主義思想：中國特色社會主義理論體系的重要組成部分

黨的十八大以來，國內外形勢變化和我國各項事業發展都給我們提出了一個重大時代課題，這就是必須從理論和實踐結合上系統科學地回答堅持和發展什麼樣的中國特色社會主義、怎樣堅持和發展中國特色社會主義，從而更好地堅持和發展中國特色社會主義。圍繞這個重大時代課題，我們黨堅持以馬克思列寧主義、毛澤東思想、鄧小平理論、「三個代表」重要思想、科學發展觀為指導，堅持解放思想、實事求是、與時俱進、求真務實，堅持辯證唯物主義和歷史唯物主義，緊密結合新的時代條件和實踐要求，以全新的視野深化對共產黨

執政規律、社會主義建設規律、人類社會發展規律的認識，進行艱辛理論探索，取得重大理論創新成果，形成了習近平新時代中國特色社會主義思想。習近平新時代中國特色社會主義思想，是對馬克思列寧主義、毛澤東思想、鄧小平理論、「三個代表」重要思想、科學發展觀的繼承和發展，是馬克思主義中國化最新成果，是黨和人民實踐經驗和集體智慧的結晶，是中國特色社會主義理論體系的重要組成部分，是全黨全國人民為實現中華民族偉大復興而奮鬥的行動指南，必須長期堅持並不斷發展。

「八個明確」和「十四個堅持」是習近平新時代中國特色社會主義思想的具體展開和內涵邏輯。習近平新時代中國特色社會主義思想，用「八個明確」系統闡述了在新時代堅持和發展什麼樣的中國特色社會主義。「八個明確」從新時代堅持和發展中國特色社會主義的總目標、總任務、總體佈局、戰略佈局和發展方向、發展方式、發展動力、戰略步驟、外部條件、政治保證等基本問題入手，全面闡明了習近平新時代中國特色社會主義思想的豐富內涵，充分體現了理論創新在歷史與現實、理論與實踐方面的有機結合，把在新時代堅持和發展什麼樣的中國特色社會主義這一重大時代課題具體化了。習近平新時代中國特色社會主義思想，用「十四個堅持」具體謀劃了怎樣堅持和發展中國特色社會主義這一重大時代課題。「十四個堅持」之間是一個相互聯繫、不可分割的有機整體，共同構成了習近平新時代中國特色社會主義思想的基本方略。「十四個堅持」以新時代中國特色社會主義為圓心，從「堅持黨對一切工作的領導」開篇，對經濟、政治、法治、科技、文化、教育、民生、民族、宗教、社會、生態文明、國家安全、國防和軍隊、「一國兩制」和祖國統一、統一戰線、外交等

各方面進行統一佈局，最後回到「堅持全面從嚴治黨」，與「堅持黨對一切工作的領導」閉合，從而形成了一個邏輯嚴密的同心圓。

第二節　在道路開拓中形成並不斷完善中國特色社會主義制度

2011 年 7 月 1 日，胡錦濤同志在慶祝中國共產黨成立 90 周年大會上指出，經過 90 年的奮鬥、創造、積累，黨和人民必須倍加珍惜、長期堅持、不斷發展的成就是：開闢了中國特色社會主義道路，形成了中國特色社會主義理論體系，確立了中國特色社會主義制度。這是我黨第一次正式提出「中國特色社會主義制度」命題。中國特色社會主義制度，是在堅持和發展中國特色社會主義道路中形成並不斷完善的，是中國特色社會主義「道」與「路」的制度體現與根本制度保障。中國特色社會主義制度，是當代中國發展進步的根本制度保障，集中體現了中國特色社會主義的特點和優勢。中國特色社會主義制度，是經自我完善和發展，在經濟、政治、文化、社會等各個領域形成一整套相互銜接、相互聯繫的制度體系。中國特色社會主義制度體系包括三個層次：第一層次是根本制度，即人民代表大會制度這一根本政治制度；第二層次是基本制度，即中國共產黨領導的多黨合作和政治協商制度、民族區域自治制度以及基層群眾自治制度等構成的基本政治制度，中國特色社會主義法律體系，公有制為主體、多種所有制經濟共同發展的基本經濟制度，按勞分配為主體、多種分配方式並存的基本分配制度；第三層次是具體制度，即建立在根本政治制

度、基本政治制度、基本經濟制度基礎上的經濟體制、政治體制、文化體制、社會體制等各項具體制度。三個層次辯證統一：根本制度是基本制度、具體制度的源泉；根本制度、基本制度是具體制度形成的基礎，根本制度、基本制度規定具體制度；具體制度是根本制度、基本制度的具體展開和表現形式。根本制度基本是恆定不變的，它是國家性質的本質體現；基本制度是相對穩定的，但它帶有明顯的階段性特徵；而具體制度則是變動的，但這裡的變動是在不斷「揚棄」中完善。在全面深化改革中，對於不同層次的制度，我們要區別對待。根本制度，我們要毫不動搖地堅持；基本制度，我們要根據實踐不斷完善；具體制度，我們要在實踐中積極改革創新。

中國特色社會主義制度體系的成熟與定型，符合我國國情，順應時代潮流，但還應該看到，它不是一蹴而就的，而是經歷了血與火的洗禮，錯與對的選擇，在歷史中探索而就的。它們「不是做成的，而是長成的」[1]，人類無法根據自身的理性來設計出美好的制度。

一、在道路開拓中形成並不斷完善中國特色社會主義根本政治制度

人民代表大會制度是符合我國人民民主專政、具有中國特色的政權組織形式，是我國的根本政治制度。它是我國國家性質的本質體現，決定國家活動的基本原則，是國家各項制度的源泉。它是中國共產黨領導全國人民在革命、建設中直接創造出來的。

---

1 密爾：《代議制政府》，汪瑄譯，商務印書館 1984 年版，第 6 頁。

　　1949 年 9 月，中國人民政治協商會議第一屆全體會議通過的《中國人民政治協商會議共同綱領》，明確規定國家最高政權機關為全國人民代表大會。1954 年 9 月 15 日，第一屆全國人大第一次會議召開，通過的《中華人民共和國憲法》規定：「中華人民共和國的一切權力屬於人民，人民行使權力的機關是全國人民代表大會和地方各級人民代表大會。」人民代表大會制度正式確立並成為我國的根本政治制度。它擁有最高立法權，對國內外大政方針的最高決定權，對國家最高領導人的選舉權、決定權和罷免權等權力。

　　受「左」的錯誤思想影響，特別是「文化大革命」期間，各級人民代表大會基本停開。1979 年以後，各級人民代表大會得到恢復和逐步完善，人民代表大會的工作走上正常軌道。1982 年，第五屆全國人大第五次會議通過並頒佈新憲法。1982 年憲法總結 1954 年以來的經驗教訓，加強和完善人民代表大會制度。一是適當擴大全國人大常委會的職權，把原來屬於全國人大的一部分職權，交由它的常委會行使。二是加強全國人大及其常委會的組織，如增設法律委員會、財政經濟委員會、教育科學文化衛生委員會、外事委員會等專門委員會，保證全國人大及其常委會的經常性工作。三是恢復建立國家主席和副主席、設立國家中央軍事委員會，規定國家領導人員連續任職不得超過兩屆，國務院實行總理負責制，取消領導職務終身制。四是規定中央和地方的國家機構職權劃分，遵循在中央的統一領導下，充分發揮地方的主動性、積極性的原則。黨的十八大以來，習近平總書記拓展了人民代表大會制度的深刻內涵。他提出，人民代表大會制度是堅持黨的領導、人民當家作主、依法治國有機統一的根本制度安排。同時，論述了三者關係：黨的領導是堅持和發展中國特色社會主義的根本政

治保證，人民當家作主是社會主義民主政治的本質和核心，依法治國是黨領導人民治理國家的基本方略。

我國長期革命、建設和發展的實踐表明，人民代表大會制度是有中國特色的、符合中國國情、體現社會主義國家性質、保證人民當家作主、保障實現中華民族偉大復興的好制度。定型化了的人民代表大會制度還必將隨著中國特色社會主義偉大事業的發展更加完善。在新時代新征程上，我們必須充分發揮人民代表大會制度的根本政治制度作用。

二、在道路開拓中形成並不斷完善中國特色社會主義基本制度

基本制度，是依據根本制度制定的，規範和制約著國家政治、經濟的基本活動和社會的基本生活。它們既是根本制度的體現和表達，也是制定各種具體制度的依據和出發點。中國特色社會主義基本制度有自己的小體系小系統，主要包括中國共產黨領導的多黨合作和政治協商制度、民族區域自治制度以及基層群眾自治制度，中國特色社會主義法律體系，公有制為主體、多種所有制經濟共同發展的基本經濟制度，按勞分配為主體、多種分配方式並存的分配制度。

（一）中國共產黨領導的多黨合作和政治協商制度

多黨合作和政治協商制度萌發、形成於新民主主義革命之中，確立于新中國成立之時，恢復、發展於中共十一屆三中全會之後，制度

化、規範化於新世紀的征途之上。

1949 年 9 月 21 日至 30 日，中國人民政治協商會議第一屆全體會議勝利召開。會議通過的《中國人民政治協商會議共同綱領》，為多黨合作和政治協商制度奠定了政治基礎；通過的《中國人民政治協商會議組織法》，確定人民政協為統一戰線和多黨合作的組織形式，為多黨合作和政治協商制度奠定了組織基礎。共產黨領導的多黨合作和政治協商制度正式確立，各民主黨派和非黨派人士廣泛地參與到新中國的政權建設中。[1] 政黨合作由過去帶有統一戰線性質上升為具有國家基本制度性質的新民主主義政黨合作制度。為了進一步加強共產黨與各民主黨派的團結合作，充分發揮民主黨派的作用，1956 年毛澤東同志在〈論十大關係〉中明確提出與各民主黨派團結合作的「長期共存、互相監督」的八字方針。從 1957 年反右鬥爭擴大化開始，一直到「文化大革命」結束，整整 20 年，中共同各民主黨派的合作遭到嚴重損害，幾乎處於停止狀態。「文化大革命」結束，1977 年葉劍英同志代表黨中央重申共產黨與各民主黨派實行「長期共存、互相監督」的方針。在深刻總結新中國成立後特別是「文化大革命」期間中國多黨合作事業遭受嚴重破壞的經驗教訓基礎上，就民主黨派性質、多黨合

---

1 其廣泛性主要體現在：第一，在全國政協第一屆委員會 5 名副主席中，民主黨派和無黨派民主人士有 4 名；28 名政協常委中，民主黨派和無黨派民主人士中有 17 名；180 名全國政協委員中，各民主黨派和無黨派民主人士有 121 名。第二，在第一屆中央人民政府組成人員中，6 位副主席中有民主人士宋慶齡、李濟深、張瀾 3 位，郭沫若、黃炎培任政務院副總理，沈鈞儒任最高人民法院院長，羅隆基、章乃器、邵力子等 9 人擔任政務委員。政務院的 34 位部、委主要負責人中，有 15 位是非中共人士。第三，在地方，參與政權建設的民主黨派和無黨派人士，更佔有相當比例。

作制度定位、中國共產黨同民主黨派關係、民主黨派作用的發揮等方面經撥亂反正後，並有質的發展。認為民主黨派是社會主義勞動者和擁護社會主義的愛國者的政治聯盟，是「參政黨」；提出多黨合作和政治協商制度是中國政治制度的組成部分；把共產黨與各民主黨派合作的「長期共存、互相監督」的八字方針，擴展成為「長期共存、互相監督、肝膽相照、榮辱與共」16 字方針；把對民主黨派工作的主要內容由民主黨派成員的思想改造轉變為為社會服務，從政治領域轉向社會經濟領域，並制定和出臺了一系列民主黨派政治協商和民主監督的相關政策措施。

20 世紀 80 年代末 90 年代初，西方的「和平演變」在蘇東得手後，開始將重點目標移向中國，而把多黨合作和政治協商制度作為「和平演變」的突破口。經過十多年改革開放，在西方各種政治思潮的影響下，國內資產階級自由化現象非常嚴重，在政治上一些激進分子極力主張取消共產黨領導，實行兩黨制、多黨制。面對這種國內國際背景，中國共產黨領導的多黨合作和政治協商制度還要不要堅持下去？還能不能堅持下去？如何堅持下去？經與各民主黨派中央和無黨派代表人士反復研討和廣泛徵求意見，1989 年 12 月 31 日，中共中央正式頒發〈關於堅持和完善中國共產黨領導的多黨合作和政治協商制度的意見〉。1990 年 2 月 8 日，《人民日報》公佈全文，並發表題為〈維護國家的長治久安是中共和各民主黨派的神聖職責〉的社論。〈意見〉與社論，詳細而明確地回答了「要不要堅持下去」「能不能堅持下去」「如何堅持下去」三個問題。

隨著實踐的不斷豐富，理論的不斷完善，制度建設的不斷健全，作用發揮的充分認可，多黨合作和政治協商制度應該在國家制度體系

中具有更高的地位。1993 年，全國人大八屆一次會議通過的憲法修正案，明確將「中國共產黨領導的多黨合作和政治協商制度將長期存在和發展」寫入憲法。這是多黨合作史上的一個里程碑。多黨合作和政治協商制度因上升為國家意志而更加具有長期性穩定性。

　　進入 21 世紀，面臨新的形勢、新的任務、新的要求、新的挑戰與新的機遇，如何充分發揮多黨合作和政治協商制度的巨大政治優勢及其政治功能，來推進中國特色社會主義事業發展，擺在以胡錦濤為總書記的中央領導集體面前。經過反復調研與共商，2005 年 2 月，中共中央頒發《關於進一步加強中國共產黨領導的多黨合作和政治協商制度建設的意見》。《意見》既保持了各項方針政策連續性和穩定性，又根據新形勢提出了一系列新的理論觀點和政策思想。2012 年，黨的十八大報告首次明確要「健全社會主義協商民主制度」，首次指出「社會主義協商民主是我國人民民主的重要形式」。黨的十八大以來，習近平總書記對中國共產黨領導的多黨合作和政治協商制度，不管是理論上、制度上還是在實踐上都做出了發展。2013 年提出各民主黨派是與中國共產黨通力合作的中國特色社會主義參政黨；2015 年 2 月公佈《關於加強社會主義協商民主建設的意見》，首次提出「政黨協商」的概念，首次系統規定了政黨協商、政府協商、政協協商、人大協商、人民團體協商、基層協商、社會組織協商等七種協商管道，並把政黨協商放到首要的位置；是年 12 月，公佈《關於加強政黨協商的實施意見》，對「政黨協商」概念予以完整表述：「政黨協商是中國共產黨同民主黨派基於共同的政治目標，就黨和國家重大方針政策和重要事務，在決策之前和決策實施之中，直接進行政治協商的重要民主形式。」這是中國多黨合作史上第一個系統規範政黨協商的制度性文

件，開啟了我國多黨合作的新篇章。

（二）民族區域自治制度

中國是一個多民族國家，中國共產黨自成立以來，就一直注重運用馬克思主義民族理論，結合當時中國實際情況探索民族地區與民族問題解決的方式方法。在革命、建設與改革開放進程中，針對不同歷史階段面臨的不同任務，在採取解決方式方法上，早期表現出一些幼稚的方法，但總體上是在朝著越來越正確的方式方法發展。最後，形成符合中國實際的具有中國特色的民族區域自治制度。民族區域自治制度，是在國家統一領導下，在各少數民族聚居的地方實行區域自治，設立自治機關，行使自治權。這一制度體現了民族自治與區域自治、國家的集中統一與少數民族聚居地區的區域自治、經濟因素與政治因素的有機結合，體現了我國堅持實行各民族平等、團結、合作和共同繁榮的原則。

1949 年 9 月 29 日，中國人民政治協商會議第一屆全體會議通過的起臨時憲法作用的《共同綱領》，以法律的形式確認：「各少數民族聚居的地區，應實行民族的區域自治，按照民族聚居的人口多少和區域大小，分別建立各種民族自治機關。」1952 年 2 月 22 日，政務院第 125 次政務會議通過、1952 年 8 月 8 日中央人民政府委員會第 18 次會議批准施行的《民族區域自治實施綱要》，以《共同綱領》所確立的原則為依據，就民族區域自治問題做了詳細規定。1954 年頒佈實施的《憲法》以國家根本大法的形式進一步肯定民族區域自治制度。至此，我國民族區域自治制度正式確立。在「十年動亂」期間，我國

民族區域自治制度遭到嚴重破壞。

　　1981 年 4 月，黨的十一屆六中全會通過的《關於建國以來黨的若干歷史問題的決議》提出：「必須堅持實行民族區域自治，加強民族區域自治的法制建設，保障各少數民族地區根據本地實際情況貫徹執行黨和國家政策的自主權。」[1]1982 年《憲法》不僅重新確立我國的民族方針政策，而且在深刻總結我國實行民族區域自治制度以來經驗教訓的基礎上，全面恢復了 1954 年《憲法》有關該制度的原則和主要內容，並根據國家情況的變化增加新的內容，對民族區域自治制度進行新的、更為完善的規定。在此基礎上，六屆全國人大二次會議於 1984 年 5 月 31 日審議通過《民族區域自治法》，這是我國第一部關於民族區域自治的專門法律。這部法律全面總結我國實行民族區域自治制度 30 多年的經驗和教訓，使《憲法》關於民族區域自治的基本原則得到具體體現，使得維護和發展我國社會主義民族關係進一步法律化、制度化。

　　《民族區域自治法》的頒佈實施，在保障民族地方的自治權利，鞏固和發展平等、團結、互助的社會主義民族關係，促進民族自治地方的改革、發展和穩定，維護國家的統一等方面，發揮了重要作用。同時，隨著我國經濟社會的發展，該法的一些規定已不適應新的情況，需要做一些相應調整。因此，九屆全國人大常委會第 20 次會議於 2001 年 2 月 28 日對《民族區域自治法》做了適當修改，科學總結該法頒布實施以來的成功經驗，充分反映民族地區政治、經濟、文化建

1《十一屆三中全會以來重要文獻選讀》（上），人民出版社 1987 年版，第 349 頁。

設的新形勢和新要求，民主法制建設和民族工作進入新的發展階段。《民族區域自治法》「序言」第一自然段修改為：「中華人民共和國是全國各族人民共同締造的統一的多民族國家。民族區域自治是中國共產黨運用馬克思列寧主義解決我國民族問題的基本政策，是國家的一項基本政治制度。」[1]這就以法律的形式進一步明確民族區域自治是我國的一項基本政治制度。2003 年 3 月，胡錦濤同志指出：「要抓緊制定民族區域自治法實施細則，把法律的一些原則規定具體化，確保這一法律得到全面貫徹落實。」[2]2005 年 5 月，胡錦濤同志再次強調指出：「要抓緊制定配套的法律法規、具體措施和辦法，制定或修訂自治條例和單行條例，逐步建立比較完備的具有中國特色的民族法律法規體系。」[3]2005 年 5 月，國務院制定的《實施〈中華人民共和國民族區域自治法〉若干規定》，明確規定上級人民政府的職責和義務，並對違法責任和監督機制做出明確規定。這是國務院自《民族區域自治法》頒佈實施以來所制定的第一部配套的行政法規。

隨著改革開放的不斷深化與西部大開發的持續展開，少數民族地區和少數民族的發展會得到質的提升，但在發展中出現的新的問題不能掉以輕心，要時刻保持清醒頭腦和政治敏銳性。對此，黨的十八大以來，習近平總書記對民族工作和民族區域自治制度的調整完善十分

1 《中華人民共和國法律彙編》（2001），人民出版社 2002 年版，第 37 頁。

2 胡錦濤：〈共同團結奮鬥，共同繁榮發展〉，載於國家民族事務委員會、中共中央文獻研究室編：《民族工作文獻選編》，中央文獻出版社 2010 年版，第 6 頁。

3 胡錦濤：〈在中央民族工作會議暨國務院第四次全國民族團結進步表彰大會上的講話〉，載於國家民族事務委員會、中共中央文獻研究室編：《民族工作文獻選編》，中央文獻出版社 2010 年版，第 82 頁。

重視。2014 年，習近平總書記在中央民族工作會議上強調，堅持和完善民族區域自治制度，要做到「兩個結合」：一是堅持統一和自治相結合，二是堅持民族因素與區域因素相結合。這「兩個結合」豐富和發展了民族區域自治理論。

（三）基層群眾自治制度

黨的十七大報告首次把「基層群眾自治制度」寫入，並與人民代表大會制度、中國共產黨領導的多黨合作和政治協商制度、民族區域自治制度一起，納入中國特色政治制度範疇。

黨的十一屆三中全會以來，我國城市居民委員會的組織建設得到全面的恢復和發展。1980 年 1 月，全國人大常委會重新公佈《居民委員會組織條例》。1982 年，現行憲法在總結我國居民委員會實行群眾自治經驗的基礎上，首次以根本大法的形式明確規定居民委員會的性質、任務和作用。而後，在經過多年調查研究和總結《居民委員會組織條例》實施經驗和教訓的基礎上，1989 年 12 月 26 日，全國人大常委會第十一次會議通過城市居民委員會組織法。這標誌著我國城市居民委員會的組織建設進入一個全面發展的新時期。截至 2016 年年底，全國共有居委會 10.3 萬個，居民小組 142.0 萬個，居委會成員 54.0 萬人。

村民委員會比城市居民委員會出現得晚，它是在農村改革中自發出現的新生事物。黨的十一屆三中全會後，農民為了解決在實行聯產承包責任制的過程中出現的各種問題，在實踐中發明了村民委員會這一組織形式。開始名稱不一，形式各異，從 1981 年春天起，統一改稱

村民委員會。1982 年，全國人大常委會在起草憲法修改草案時，總結和吸收城市居民委員會的經驗和廣大農民群眾創造的新鮮經驗，把村民委員會和居民委員會一起寫進憲法，並對村民委員會的性質、任務和組織原則都做出具體規定，這是我國制憲史上的一個創舉。1987 年 11 月 24 日，第六屆全國人大常委會第二十三次會議通過村民委員會組織法（試行）。1998 年 11 月 4 日，九屆全國人大常委會五次會議通過村民委員會組織法。此後，我國農村基層群眾自治組織呈現出強大的生命力，在實踐中不斷發展壯大。截至 2016 年年底，我國村委會 55.9 萬個，村民小組 447.8 萬個，村委會成員 225.3 萬人。

基層群眾自治制度的實施，充分保證了人民直接行使民主選舉、民主決策、民主管理和民主監督等權利，有利於人民實行自我管理、自我服務、自我教育、自我監督，有利於進一步彰顯社會主義國家人民當家作主的制度本質，進一步推進了中國特色社會主義民主政治建設。

（四）中國特色社會主義法律體系

改革開放以來，中國共產黨領導中國人民，經過各方面堅持不懈的共同努力，到 2010 年年底，一個立足中國國情和實際、適應改革開放和社會主義現代化建設需要、集中體現中國共產黨和中國人民意志，以憲法為統帥，以憲法相關法、民法商法等多個法律部門的法律為主幹，由法律、行政法規、地方性法規等多個層次法律規範構成的中國特色社會主義法律體系已經形成。從此，國家經濟建設、政治建設、文化建設、社會建設以及生態文明建設的各方面實現了有法可依。

新中國走過的立法路程,完全是一條具有中國特色的立法路子,一條根據中國特色社會主義實踐的推進與需要而不斷制定、調整與完善的立法路子。

在 1949 年頒佈的具有臨時憲法性質的《中國人民政治協商會議共同綱領》的統領下,制定中央人民政府組織法等一系列的法律、法令,開啟新中國民主法制建設的歷史進程。1954 年,新中國第一部憲法出臺,中國共產黨八大明確提出「國家必須根據需要,逐步地系統地制定完備的法律」的立法方針,此後到 1966 年,我國共制定法律、法令 130 多部。進入「文化大革命」的十年期間,我國的民主法制建設慘遭嚴重破壞,立法工作幾乎陷於停頓。

1978 年「文化大革命」結束,中國民主法制建設迎來一個發展的春天。鄧小平同志在 1978 年 12 月 13 日的中央工作會議閉幕會上強調:「為了保障人民民主,必須加強法制。」中共十一屆三中全會提出「有法可依,有法必依,執法必嚴,違法必究」的法制建設「十六字」方針,並強調「從現在開始,應當將立法工作擺到全國人民代表大會及其常委會的重要議程上來」。1979 年決定成立全國人大常委會法制委員會(彭真任主任),以協助全國人大加緊全面立法工作。為了給改革開放保駕護航,為了重建社會秩序,恢復新一輪法制建設,在改革開放這一新生事物的艱辛實踐中艱難探索著,一部部的法律密集出臺,立法的道路不斷往前開拓。1979 年我國第一部刑法制定;1982 年憲法重制,之後,現行憲法於 1988 年修訂;刑事、民事、行政訴訟法、民族區域自治法等相繼制定;一系列經濟法律的制定也進入快車道,1986 年通過並頒佈《民法通則》。據統計,從 1978 年到 20 世紀 90 年代初,我國共制定 100 多部法律,包括 1982 年憲法、1988 年憲法修正案等

一系列有關國家機構的法律、民法通則、刑法、三大訴訟法等基本法律，以及其他一大批適應改革開放、保障公民權利、規範行政管理的重要法律。這些法律的密集出臺為中國法制建設奠定了重要基礎，使我國經濟、政治、文化等各方面基本實現了有法可依，法律體系框架初具規模。[1]

1992 年鄧小平南方談話到 1997 年，初步形成社會主義市場經濟法律體系框架。南方談話為當時彷徨于「向何處去」的中國帶來一次新的思想解放，掀起新一輪的改革開放高潮。這一階段的立法工作基本都是圍繞建立社會主義市場經濟的迫切需要和探索建設而展開。1993 年首先對現行憲法進行修正，把「中國正處於社會主義初級階段」「建設有中國特色社會主義的理論」和「堅持改革開放」「國家實行社會主義市場經濟」等載入憲法。諸如公司法、拍賣法等純經濟領域與社會主義市場經濟相適應的法律體系開始在逐步地構建。同時，為市場經濟保駕護航的其他法律也相繼制定，如第一次將公民與國家置於平等地位的國家賠償法和我國第一部專門規範行政行為程式的行政處罰法等。1997 年 9 月，黨的十五大明確提出依法治國的基本方略，並制定「到 2010 年形成有中國特色社會主義法律體系」的立法工作目標。1998 年，正式將我國法律體系劃分為七個法律部門，即憲法及相關法、民法商法、行政法、經濟法、社會法、刑法、訴訟與非訴訟程式法。1999 年 3 月，又一次對現行憲法進行修正，把依法治國、基本經濟制度和分配制度以及非公有制經濟的重要作用等寫進憲法。

---

1 張維煒：〈感受法治的脈動──回顧中國特色社會主義法律體系形成歷程〉，《全國人大》2011 年第 7 期。

2001 年進入 WTO 組織後，為了與國際接軌，相繼對之前的一些相關法律進行及時性的修改。這一時期，我國共審議通過 124 件法律、法律解釋和有關法律問題的決定草案，初步形成了中國特色社會主義法律體系。[1]

　　十六大以來，在科學發展觀指導下，堅持以人為本、立法為民的立法理念和原則，立法重點轉移到「支架」性的重要法律的制定和修改上。2004 年再次對現行憲法進行修正，第一次把尊重和保障人權、保護公民合法私有財產、建立健全社會保障制度等寫入憲法。2007 年，黨的十七大提出，要完善中國特色社會主義法律體系。隨即，一系列關注民生的立法工作，在普遍徵求民意[2]的基礎上，大規模開展，如制定物權法和行政許可法，修改選舉法和國家賠償法，等等。立法品質不斷提升，人民滿意度不斷提高。為了解決法律法規中存在的明顯不適應、不一致、不協調等問題，以使更加體系化系統化，自 2009 年以來，全國人大常委會、國務院、地方人大及其常委會集中開展對法律法規的全面清理工作。全國人大常委會廢止了 8 部法律和有關法律問題的決定，對 59 部法律做出修改；國務院廢止了 7 部行政法規，對 107 部行政法規做出修改；地方人大及其常委會共廢止地方性法規 455 部，修改地方性法規 1417 部。

　　《中國特色社會主義法律體系》白皮書記載：改革開放以來，中

---

1 張維煒：〈感受法治的脈動──回顧中國特色社會主義法律體系形成歷程〉，《全國人大》2011 年第 7 期。

2 立法工作為了徵求民意，達成最大範圍的認同，譬如，物權法歷經 15 年 8 次審議，勞動合同法歷經 5 年 5 次審議，社會保險法歷經 3 年 4 次審議。

國的立法工作取得舉世矚目的成就。截至 2011 年 8 月底，中國已制定現行憲法和有效法律共 240 部、行政法規 706 部、地方性法規 8600 多部，涵蓋社會關係各方面的法律部門已經齊全，各個法律部門中基本的、主要的法律已經制定，相應的行政法規和地方性法規比較完備，法律體系內部總體做到科學和諧統一，中國特色社會主義法律體系已經形成。於是，2011 年 3 月 10 日上午，全國人大常委會委員長吳邦國同志在十一屆全國人大四次會議第二次全體會議上莊嚴宣佈，中國特色社會主義法律體系已經形成。

十八大以來，隨著黨的十八屆三中全會把「推進國家治理體系和治理能力現代化」列為全面深化改革的總目標，中國特色社會主義法律建設得到進一步發展與完善。黨的十八屆四中全會提出「全面依法治國」，其總目標是建設中國特色社會主義法治體系，建設社會主義法治國家。具體表述是這樣的：「在中國共產黨領導下，堅持中國特色社會主義制度，貫徹中國特色社會主義法治理論，形成完備的法律規範體系、高效的法治實施體系、嚴密的法治監督體系、有力的法治保障體系，形成完善的黨內法規體系，堅持依法治國、依法執政、依法行政共同推進，堅持法治國家、法治政府、法治社會一體建設，實現科學立法、嚴格執法、公正司法、全民守法，促進國家治理體系和治理能力現代化。」[1] 這段話有兩個亮點和創新點，一是指出納入「四個全面」戰略佈局的「全面依法治國」的總目標，已經從「完善法律體系」提升到「建設法治體系」。「法律」與「法治」僅一字之差，

---

1 習近平：關於〈中共中央關於全面推進依法治國若干重大問題的決定〉的說明，《人民日報》2014 年 10 月 29 日。

卻反映出從靜態的「法制」到動態的「法治」的巨大變化，更強調的是「治」，是法律的正確運用。二是我們要的中國特色社會主義法治體系是包括法律規範體系、法治實施體系、法治監督體系、法治保障體系，以及黨內法規體系在內的「五位一體」的，更多強調的是它們的一體化及形成的法治合力的效果。

（五）公有制為主體、多種所有制經濟共同發展的基本經濟制度

公有制為主體、多種所有制經濟共同發展的基本經濟制度是我國社會主義初級階段的基本經濟制度，不是整個社會主義時期的基本經濟制度。基本經濟制度的核心問題，就是正確認識與處理公有制與非公有制的關係問題。改革開放前，把公有制與非公有制進行「對立」看待，提出「一大二公三純」。改革開放後，在公有制與非公有制關係上，放棄「對立」思想，經「有益補充」的過渡，最後提出「共同發展」。

1978 年改革開放開始，為了更快地發展生產力和社會主義經濟，在前 30 年經驗基礎上，意識到必須打破公有制一統天下的局面，允許非公有制經濟的存在與發展。但這是一個思想不斷解放和認識不斷發展的過程。從邏輯上講，要發展非公有制經濟，先得找出發展它的理由，也就是說要給我國的社會主義發展階段進行定性。社會主義初級階段理論應運而生，這就為發展非公有制經濟提供了理論支撐。在理論的指導下經過不斷實踐發展，公有制經濟與非公有制經濟的關係，無論是從實踐上還是從理論上，都得到正確認識和處理，並逐步有了

「公有制為主體,多種所有制經濟共同發展」的總提法。其發展與形成過程大致如下。

第一,非常明確地把公有制為主體視為社會主義的基本原則,視為社會主義性質的根本體現。鄧小平同志反復強調:「一個公有制為主體,一個共同富裕,這是我們所必須堅持的社會主義根本原則。」「我們在改革中堅持了兩條,一條是公有制經濟始終占主體地位,一條是發展經濟要走共同富裕的道路,始終避免兩極分化。」[1]

第二,提出允許多種經濟成分共同發展的思想。明確社會主義初級階段是我國的基本國情後,在理論與實踐上開始層層遞進地制定與落實一系列比較系統的非公有制經濟政策。1979 年,中共中央提出恢復和發展個體工商業、允許多種經濟形式存在的方針,鼓勵和扶持城鎮待業人員自謀職業。1982 年,黨的十二大報告提出私營經濟是「公有制經濟的必要的、有益的補充」,「中外合資企業、合作經濟和外商獨資企業,也是我國社會主義經濟必要的和有益的補充」。[2]1982年 12 月五屆人大五次會議通過的憲法確認個體經濟的合法地位。1987年,黨的十三大報告指出,以往形式過分單一的所有制結構和僵化的經濟體制,嚴重束縛生產力和商品經濟的發展;在公有制為主體的前提下繼續發展包括私營經濟在內的多種所有制經濟,是初級階段發展生產力和商品經濟的要求,這就奠定了非公有制經濟存在和發展的理論基礎。十三大報告初步比較系統地闡述了發展非公有制經濟的理論和政策,這是黨對私營經濟認識上的一次飛躍。

1《鄧小平文選》第 3 卷,人民出版社 1993 年版,第 111 頁。
2《十二大以來重要文獻選編》(上),人民出版社 1986 年版,第 21 頁。

　　第三，明確提出把以公有制為主體、多種所有制經濟共同發展確立為我國社會主義初級階段的一項基本經濟制度。南方談話突破傳統公有制觀念，徹底解決市場經濟與計劃經濟的關係問題。1992 年，黨的十四大報告把建立社會主義市場經濟作為我國經濟體制改革的目標，並提出「以公有制包括全民所有制和集體所有制經濟為主體，個體經濟、私營經濟、外資經濟為補充，多種經濟成分長期共同發展。」1993 年，黨的十四屆三中全會提出：「必須堅持公有制為主體、多種所有制經濟共同發展方針。」1995 年 9 月 28 日，江澤民同志在黨的十四屆五中全會閉幕式的講話中指出：「堅持公有制的主體地位，是社會主義的一條根本原則，也是我國社會主義市場經濟的基本標誌。……允許和鼓勵個體、私營、外資等非公有制經濟發展，……使它們成為社會主義經濟的必要補充」。1997 年，黨的十五大報告提出：「公有制為主體，多種所有制共同發展，是我國社會主義初級階段的一項基本經濟制度」「非公有制經濟是我國社會主義市場經濟的重要組成部分」。江澤民同志指出：「堅持以公有制為主體、多種所有制經濟共同發展的基本經濟制度，這是十五大在理論上和實踐上的新發展，是社會主義基本原則在當代中國的堅持和運用。」[1]

　　第四，積極發展混合所有制經濟，進一步完善公有制為主體、多種所有制經濟共同發展的基本經濟制度。積極發展混合所有制經濟，是尋求在多種所有制經濟共同發展條件下，擴大公有資本的支配範圍，實現其主體地位的具體途徑。黨的十五大報告和十五屆四中全

1《十五大以來重要文獻選編》（上），人民出版社 2000 年版，第 488 頁。

會通過的《決定》提出發展「混合所有制經濟」，提出不同性質的所有制成分在企業內部可以相互融合，並把股份制和現代企業制度引入「混合所有制經濟」。黨的十八屆三中全會特別提出，要積極發展「混合所有制經濟」。全會認為，國有資本、集體資本、非公有資本等交叉持股、相互融合的混合所有制經濟，是基本經濟制度的重要實現形式，有利於國有資本放大功能、保值增值、提高競爭力，有利於各種所有制資本取長補短、相互促進、共同發展。要允許更多國有經濟和其他所有制經濟發展成為混合所有制經濟；國有資本投資專案允許非國有資本參股；允許混合所有制經濟實行企業員工持股，形成資本所有者和勞動者利益共同體；在積極發展混合所有制經濟的同時，要積極推動國有企業完善現代企業制度。

以公有制為主體、多種所有制經濟共同發展的基本經濟制度，一方面保證我國不會實行私有化而走上資本主義邪路，另一方面保證我國不再追求純而又純的公有制而重返傳統社會主義或蘇聯模式的老路。如此，在我國社會主義初級階段，這一基本經濟制度已經顯示出它的作用，既確保了我國社會主義性質和國家掌握經濟命脈，又充分調動了人民群眾和社會各方面建設中國特色社會主義的積極性，增強經濟發展的活力，進而保證中國特色社會主義經濟基礎和上層建築的協調發展。

（六）按勞分配為主體、多種分配方式並存的分配制度

收入分配制度是經濟社會發展的重大問題，關係到廣大人民群眾的切身利益和社會的長治久安。分配制度與基本經濟制度是經濟社會

發展過程中的一對孿生兄弟，有什麼樣的經濟制度就有相應的分配制度。在改革開放前，在經濟制度上強調「一大二公三純」的公有制，對應在分配領域實際上執行的是按勞分配形式下的平均主義和極端平均主義，這嚴重制約了生產力的發展和影響人們的生產積極性。改革開放後，在公有制為主體、多種所有制經濟共同發展的基本經濟制度的構建過程中，與社會主義市場經濟體制相適應的按勞分配為主體、多種分配方式並存的分配制度也逐步形成。這一分配制度是隨著經濟體制改革的深入而逐步展開形成的。縱觀改革歷史，我國分配制度的改革與完善是在一步一步地深化。大體經歷了以下幾個階段。

第一，跳出平均主義泥淖，打破「大鍋飯」，提出多勞多得原則。經濟改革從哪裡始，分配制度改革也始於哪裡。我國改革首先是從農村經濟開始，分配制度改革也是從農村改革起步。由於平均主義是我國改革開放之前分配制度的最根本特徵，所以黨的十一屆三中全會《公報》在黨的文獻中第一次旗幟鮮明地提出要克服平均主義，即「公社各級經濟組織必須認真執行按勞分配的社會主義原則，按照勞動的數量和品質計算報酬，克服平均主義」[1]。平均主義分配制度首先從農村打破。從此，農民的生產經營積極性被極大地調動起來了，農民生活水準和農業生產進入一個新階段。

第二，破除同步富裕觀念，提出讓一部分人和一部分地區先富起來。走向共同富裕，是社會主義的根本原則。共同富裕不是同步富裕，有先有後、有快有慢，但先後與快慢的差別絕不是那種極少數人變成

1《十一屆三中全會以來重要文獻選讀》（上），人民出版社 1987 年版，第 8 頁。

剝削者、大多數人陷於貧窮的兩極分化。1984 年 10 月，黨的十二屆三中全會通過的《中共中央關於經濟體制改革的決定》第一次提出，要讓一部分地區和一部分人通過誠實勞動和合法經營先富起來，然後帶動更多的人一浪接一浪地走向共同富裕。這意味著我國分配政策向前邁進了一大步。

第三，正式提出按勞分配為主體，其他分配方式為補充的分配原則。1987 年，黨的十三大報告第一次提出「在以按勞分配為主體的前提下實行多種分配方式」，允許合法的非勞動收入，在促進效率的前提下要體現社會公平。1992 年，黨的十四大提出按勞分配為主體、其他分配方式為補充，兼顧效率與公平。1993 年，黨的十四屆三中全會提出個人收入分配要堅持以按勞分配為主體、多種分配方式並存的制度，首次將其他分配方式從補充的附屬地位提升為並存的平等地位，並提出「效率優先、兼顧公平」的原則。1997 年，黨的十五大進一步指出，要把按勞分配和按生產要素分配結合起來，允許和鼓勵資本、技術等生產要素參與收益分配。1999 年，黨的十五屆四中全會提出建立與現代企業制度相適應的收入分配制度，董事會、經理層等經營管理階層可以根據各自的職責和貢獻取得報酬。2002 年，黨的十六大報告首次確立勞動、資本、技術和管理等生產要素按貢獻參與分配的原則，完善按勞分配為主體、多種分配方式並存的分配制度；初次分配注重效率，發揮市場的作用，鼓勵一部分人通過誠實勞動、合法經營先富起來；再分配注重公平，加強政府對收入分配的調節職能，調節差距過大的收入；規範分配秩序，合理調節少數壟斷性行業的過高收入，取締非法收入；以共同富裕為目標，擴大中等收入者比重，提高低收入者收入水準。2007 年，黨的十七大提出，在堅持和完善按勞分

配為主體、多種分配方式並存的分配制度，健全勞動、資本、技術、管理等生產要素按貢獻參與分配的制度的基礎上，初次分配和再分配都要處理好效率和公平的關係，再分配更加注重公平；逐步提高居民收入在國民收入分配中的比重，提高勞動報酬在初次分配中的比重。2010 年 10 月召開的黨的十七屆五中全會，將收入分配制度改革作為「十二五」的核心議題，並再次重申了黨的十七大提出的推進收入分配制度改革的目標，即合理調整收入分配關係，努力提高居民收入在國民收入分配中的比重、提高勞動報酬在初次分配中的比重。2012 年，黨的十八大提出，初次分配和再分配都要兼顧效率和公平，再分配更加注重公平；完善勞動、資本、技術、管理等要素按貢獻參與分配的初次分配機制，加快健全以稅收、社會保障、轉移支付為主要手段的再分配調節機制。隨著分配制度逐步定型於按勞分配主體、多種分配方式並存的分配制度，人民的收入和生活水準在不斷提高。2017 年，黨的十九大特別提出，要堅持在經濟增長的同時實現居民收入同步增長、在勞動生產率提高的同時實現勞動報酬同步提高。

實踐證明，這一制度符合我國社會主義初級階段這一基本國情，在激發和調動廣大人民群眾的積極性，促進社會財富的積累，調整各種經濟主體之間的利益關係，推動經濟社會科學發展，改善人民生活和維護社會穩定等方面發揮了應有的作用。但是，不管是在初次分配領域還是再分配領域，都存在不少亟待解決的問題，這牽涉到人民群眾公平享有改革發展成果的問題。說重一點，就是關係到國家的穩定與社會的長治久安。也就是說，在經濟蛋糕不斷做大的過程中，如何公平地分配蛋糕，越來越顯得重要。這已經成為政府與社會的共識。對此，十八屆三中全會從 9 個方面提出要形成合理有序的收入分配格

局，從 13 個方面提出要建立更加公平、可持續的社會保障制度。這充分說明，分配制度的改革與完善，不是單兵突擊式，而是一個綜合的工程性問題，需要通過綜合政策與措施，我國分配制度的改革才會起到實效。

三、在道路開拓中形成並不斷完善中國特色社會主義具體制度

具體制度，包括建立在根本政治制度、基本政治制度、基本經濟制度基礎上的經濟體制、政治體制、文化體制、社會體制和生態文明體制等。這些體制性的具體制度在中國特色社會主義道路開拓中得到不斷發展與完善。

（一）社會主義市場經濟體制

經濟體制改革核心問題是如何正確認識和處理計畫與市場的關係。改革開放以來，我黨正確認識了計畫與市場的關係。實踐促進理論思考，理論指導實踐檢驗，兩者交叉相互作用，循序漸進地把市場與市場經濟嫁接到社會主義制度上。對社會主義經濟體制的認識以及社會主義市場經濟體制的建立與完善主要經過三個歷史階段：第一個歷史階段（1978—1984），1984 年黨的十二屆三中全會突破了把計畫經濟同商品經濟對立起來的傳統觀點，確認我國社會主義經濟是公有制基礎上的有計劃的商品經濟。第二個歷史階段（1985—1992），1992 年 6 月 9 日，江澤民同志在中央黨校省部級幹部進修班上的重要

講話中，提出要加快經濟體制改革，要儘快建立社會主義的新經濟體制，並提議使用「社會主義的市場經濟體制」的概念。1992年，黨的十四大提出，「我國經濟體制改革的目標是建立社會主義市場經濟體制」，「我們要建立的社會主義市場經濟體制，就是要使市場在社會主義國家宏觀調控下對資源配置起基礎性作用」。[1]這是自1978年來的14年我國經濟體制改革的最大成就。第三個歷史階段（1993—2013），1993年，黨的十四屆三中全會通過《中共中央關於建立社會主義市場經濟體制若干問題的決定》，確定我國社會主義市場經濟體制的基本框架；2002年，黨的十六大勝利召開標誌著我國社會主義市場經濟體制初步建立；2013年11月，黨的十八屆三中全會通過的《中共中央關於全面深化改革若干重大問題的決定》提出，必須積極穩妥從廣度和深度上推進市場化改革，使市場在資源配置中起決定性作用和更好發揮政府作用，以健全社會主義市場經濟體制。十八大以來，在不斷完善社會主義市場經濟體制的過程中，特別強調要健全開放型經濟新體制，建立現代化經濟體系。

在道路探索中，我們黨堅持解放思想、實事求是、與時俱進的思想路線，以人為本、大膽創新，從而在人類歷史上第一次成功地把社會主義與市場經濟有機地結合起來，形成和發展了社會主義市場經濟體制，使社會主義制度的優越性在市場機制的作用下得到更加充分的發揮。社會主義與市場經濟的結合，是馬克思主義發展史上的光輝實踐，是人類經濟社會發展史上一個偉大的創舉。

1《十一屆三中全會以來黨的歷次全國代表大會中央全會重要文件選編》（下），中央文獻出版社1997年版，第170頁。

（二）中國特色社會主義政治體制

在發展根本政治制度和基本政治制度的過程中，派生出一系列的具體政治制度，而這些具體政治制度在維護和服務根本和基本政治制度的發展與完善方面發揮著重要作用。比如，民主選舉制度。為了更好體現人民當家作主，更好保障人民權益，就必須實行民主選舉制度。1953年，《中華人民共和國全國人民代表大會和地方各級人民代表大會選舉法》制定後，經1979年重新修訂和1982年、1986年、1995年和2004年4次修改，2009年制定《選舉法（修正案）》草案，並於2010年3月15日，在黨的十一屆全國人大三次會議上表決通過。《選舉法》總結我國的選舉經驗與教訓，吸收國外大量的有益的先進做法，對關於我國選民和候選人的資格，以及對於選區的劃分、選民的登記、候選人的提出和產生、選舉的基本程式等，予以法律規定。發生在四川南充和湖南衡陽的兩起全國最大賄選案，直接促使2015年對《選舉法》進行了再次修正。這次修正的一個重要目標，就是要加強人大代表的選舉工作，把好代表入口關。因此，對比黨的十八大代表選舉工作，黨的十九大以來又有了新發展，就是把人選政治關和廉潔關放在關鍵位置，突出政治標準，突出考察人選的理想信念、政治品格和道德修養，堅決防止「帶病提名」。又比如，權力分開和制約制度。在共產黨長期執政條件下，如何預防「權力導致腐敗，絕對權力導致絕對腐敗」，政治活動中離不開權力的分開與制約制度的形成、發展與完善。吳邦國同志在2011年3月10日的黨的十一屆全國人大四次會議第二次全體會議上鄭重表明：「我們不搞多黨輪流執政，不搞指導思想多元化，不搞『三權鼎立』和兩院制，不搞聯邦制，不搞

私有化。」我們不搞西方的「三權分立」，但中國特色的權力分開和制約制度一直在探索與發展，基本形成了一套自己的權力運行制約和監督體系。黨的十八大報告提出，要進一步「健全權力運行制約和監督體系」，「要確保決策權、執行權、監督權既相互制約又相互協調，確保國家機關按照法定許可權和程式行使權力」。至於如何「健全權力運行制約和監督體系」，黨的十八大以來，根據黨情國情世情，在不斷地完善黨務公開、政務公開、司法公開和各領域辦事公開制度，健全質詢、問責、經濟責任審計、引咎辭職、罷免等制度；把權力關進制度的籠子裡，不敢腐的懲戒機制、不能腐的防範機制、不易腐的保障機制的「三不機制」正在形成。還比如，黨內民主制度越來越健全，民主決策制度越來越科學，民主監督制度越來越體系化、越來越有力，民主協商制度也越來越科學和有效。再比如，官員財產公開制度正在不斷向前推進，越來越成為幹部選拔錄用的考核標準，成為防腐和反腐的一項重要制度。

（三）中國特色社會主義文化體制

隨著市場化改革的發展，文化發展如何與經濟建設為中心相適應，成為文化體制改革必須面對和解決的核心問題，從而促進了中國特色社會主義文化體制的不斷完善。自 1980 年 2 月提出「堅決地有步驟地改革文化事業體制，改革經營管理制度」開始，中國特色社會主義文化體制在不斷改革中逐步成型。

1988 年，正式提出文化市場的概念，同時明確了文化市場的管理範圍、任務、原則和方針。這標誌著我國「文化市場」的地位正式得

到承認。1989 年，國務院批准在文化部設置文化市場管理局，全國文化市場管理體系開始建立。1996 年，黨的十四屆六中全會通過的《中共中央關於加強社會主義精神文明建設若干重要問題的決議》提出：「改革文化體制是文化事業繁榮和發展的根本出路。」2000 年 10 月，黨的十五屆五中全會通過的《中共中央關於制定國民經濟和社會發展第十個五年計劃的建議》，第一次在中央正式文件裡提出「文化產業」概念，要求完善文化產業政策，加強文化市場建設和管理，推動有關文化產業發展。「文化產業」概念的提出，標誌著我國對於文化產業的承認和對其地位的認可，具有重要的意義，特別是對於文化體制改革具有決定性的作用。2002 年，黨的十六大第一次將文化分成文化事業和文化產業，強調要積極發展文化事業和文化產業。2003 年，黨的十六屆三中全會通過的《完善社會主義市場經濟體制若干問題的決定》具體明確提出，文化體制改革的總目標是按照社會主義精神文明建設的特點和規律，適應社會主義市場經濟發展的要求，逐步建立黨委領導、政府管理、行業自律、企事業單位依法運營的文化管理體制。2004 年，黨的十六屆四中全會通過的《中共中央關於加強黨的執政能力建設的決定》提出，「深化文化體制改革，解放和發展文化生產力」這一重要命題，這也是中央正式文件中第一次出現「解放和發展文化生產力」的提法，它反映我們黨對文化體制改革的認識更加深入，直指事物的本質。《決定》還提出，深化文化體制改革，要適應社會主義市場經濟的要求，進一步革除制約文化發展的體制性障礙；要堅持把社會效益放在首位，實現社會效益和經濟效益的統一，把文化發展的著力點放在滿足人民群眾精神文化需求和促進人的全面發展上；要以體制機制創新為重點，增強微觀活力，健全文化市場體系，依法加

強管理，促進文化事業全面繁榮和文化產業快速發展，增強我國文化的總體實力。2011年，黨的十七屆六中全會通過的《中共中央關於深化文化體制改革推動社會主義文化大發展大繁榮若干重大問題的決定》提出，要深化文化體制改革，推動社會主義文化大發展大繁榮，堅持中國特色社會主義文化發展道路，努力建設社會主義文化強國。2013年，黨的十八屆三中全會通過的《中共中央關於全面深化改革若干重大問題的決定》提出，要以激發全民族文化創造活力為中心環節，進一步深化文化體制改革；要構建現代公共文化服務體系，這是十八屆三中全會提出的一個全新的概念。

通過多年的實踐摸索，中國特色社會主義文化體制的雛形基本形成，即以社會主義核心價值體系為主體、包容多樣性的文化傳播體制，以公有制為主體、多種所有制共同發展的文化產權體制，以文化產業為主體、發展公益性文化事業的文化企事業體制，以民族文化為主體、吸收外來有益文化的文化開放體制，以黨政責任為主體、發揮市場積極作用的文化調控體制。

（四）中國特色社會主義社會體制

改革開放以來，根據我國經濟社會發展的需要，我們黨不斷探索適應國情的社會建設體制機制，並初步形成了「黨委領導、政府負責、社會協同、公眾參與」的社會管理格局。「社會管理創新」一詞首次以重要篇幅寫入2011年政府工作報告。2011年5月30日，中共中央政治局召開會議專門研究加強和創新社會管理問題。2011年7月，中共中央和國務院頒佈《關於加強和創新社會管理的意見》，就加強

和創新社會管理的指導思想、基本原則和目標任務，加強和完善社會管理格局、制度建設等提出了指導性意見。以「創新」為核心的社會管理成為社會建設的重要內容。2012 年 10 月，黨的十八大在提出「全面建成小康社會」戰略目標的前提下指出，「要圍繞構建中國特色社會主義社會管理體系，加快形成黨委領導、政府負責、社會協同、公眾參與、法治保障的社會管理體制，加快形成政府主導、覆蓋城鄉、可持續的基本公共服務體系，加快形成政社分開、權責明確、依法自治的現代社會組織體制，加快形成源頭治理、動態管理、應急處置相結合的社會管理機制。」這是黨的歷史上第一次鮮明地提出「構建中國特色社會主義社會管理體系」命題。這裡的社會管理依然還是社會建設的核心內容，但是有了不少創新內容，特別是把之前的「黨委領導、政府負責、社會協同、公眾參與」四句話擴展為五句話，增加了「法治保障」。同時，「加快形成政社分開、權責明確、依法自治的現代社會組織體制」隱含著社會管理的「政府主體」為主開始向「政府主導、多元主體」轉變的信號。在一定意義講，這就為黨的「社會治理」理念形成和提出做了重要鋪墊。

十八大以來，我國社會主要矛盾發生變化，由「人民日益增長的物質文化需要與落後的社會生產之間的矛盾」轉變為「人民日益增長的美好生活需要和不平衡不充分的發展之間的矛盾」。新的社會主要矛盾使我國社會建設面臨著系列新形勢新情況新問題。為此，以習近平同志為核心的黨中央，第一，在全面深化改革中力圖突破社會建設的傳統核心，由傳統「社會管理」向現代「社會治理」轉變。社會管理是我國傳統意義上的社會建設的核心內容。從歷史經驗看，政府是最主要的社會管理主體，是社會管理合法權力的主要來源。由此，政

府就容易凌駕於社會之上而習慣於包攬一切社會事務並對社會進行命令和控制式的管理；具體執行管理者容易從主觀意願出發管控社會，喜歡想當然地去為民做主。顯然，這種社會管理方式越來越與現代國家的治理要求不相適應。「社會治理」理念是如何破繭而出的呢？其間過程怎樣？針對政社不分帶來的政府管得過多過死和社會組織活動不夠的現象，新一屆政府伊始就提出要「簡政放權」「轉變政府職能」，要「創新行政管理方式，增強政府治理能力」，要建設現代政府。經一年來的實踐探索和經驗總結，2013 年 11 月，黨的十八屆三中全會隨即確定「全面深化改革」的總目標是「完善和發展中國特色社會主義制度，推進國家治理體系和治理能力現代化」，並提出要「加快形成科學有效的社會治理體制」，要求「改進社會治理方式。堅持系統治理，加強黨委領導，發揮政府主導作用，鼓勵和支持社會各方面參與，實現政府治理和社會自我調節、居民自治良性互動。」至此，「社會治理」替代「社會管理」而成為黨治國理政理念昇華後對社會建設提出的基本要求，成為黨領導社會建設的基本遵循。這一轉變雖是一字之差，但內涵卻發生了質的變化，這些質的變化主要體現在：傳統社會管理理念向現代社會治理理念轉變，「政府主體為主」自上而下的單向度管理向「政府主導、多元主體結合」的多向度協商與合作轉變。正如習近平總書記指出的：「治理和管理一字之差，體現的是系統治理、依法治理、源頭治理、綜合施策。」第二，在全面依法治國中「提高社會治理法治化水準」「推進法治社會建設」，努力實現社會治理體系和運行機制的法治化、制度化。針對我國有的法律法規未能為人民利益保駕護航，執法體制權責脫節、多頭執法、選擇性執法，一些領導幹部知法犯法、以言代法、以權壓法、徇私枉

法，部分社會成員遵法信法守法用法意識不強等法治建設不足的現象，
2014 年 10 月，黨的十八屆四中全會在「全面依法治國」戰略思想指
導下提出要「推進法治社會建設」，並第一次明確提出黨在新的歷史
條件下關於社會治理的一個新的重要理念——「提高社會治理法治化
水準」。全會還進一步提出了「提高社會治理法治化水準」的基礎在
於「堅持系統治理、依法治理、綜合治理、源頭治理」，必要條件在
於「加快保障和改善民生、推進社會治理體制創新法律制度建設」。
第三，在新發展理念指導下提出「推進社會治理精細化」，構建全民
共建共用的社會治理格局。針對如何實現好、維護好、發展好最廣大
人民根本利益，使發展的成果讓人民共用；如何縮小貧富差距、區域
差距，促進社會公平正義等問題，2015 年 5 月，習近平總書記在浙江
調研時提出，「社會建設要以共建共用為基本原則」。2015 年 10 月，
黨的十八屆五中全會明確提出創新發展、協調發展、綠色發展、開放
發展、共用發展新發展理念，並強調要將新發展理念深深融入社會建
設方略之中，進一步「完善黨委領導、政府主導、社會協同、公眾參
與、法治保障的社會治理體制，推進社會治理精細化，構建全民共建
共用的社會治理格局」。「推進社會治理精細化」又是一個第一次提
出關於社會治理的新理念。隨著「全民共建共用的社會治理格局」的
構建與完善，我國社會治理方式一定會更加標準化、科學化、規範
化、人性化、精細化，社會治理效果一定會實現最佳。第四，以平安
為著眼點，強調要繼續加強和創新社會治理，完善中國特色社會主義
社會治理體系，努力建設更高水準的平安中國。抓平安就是抓民生，
平安在民生中地位極為重要。平安也是社會和諧的基礎，沒有穩定的
社會哪來和諧的社會。正如習近平總書記指出的：「平安是老百姓解

決溫飽後的第一需求，是極重要的民生，也是最基本的發展環境；人民安居樂業，國家才能安定有序。」為了建設更高水準的平安中國，習近平總書記于 2016 年 10 月 10 日至 11 日在江西南昌召開的全國社會治安綜合治理創新工作會議上做出重要指示，提出要繼續加強和創新社會治理，提高社會治理社會化、法治化、智慧化、專業化水準，完善中國特色社會主義社會治理體系。第五，在全面從嚴治黨戰略思想指導下，提高黨領導社會建設的能力和水準。黨是中國特色社會主義事業的領導核心，處在總覽全域、協調各方的地位。社會主義社會建設必須堅持黨的領導。社會建設堅持的是「黨委領導、政府主導」。這就要求加強黨的建設和發揮黨的領導核心作用。一個時期以來黨內出現了一些突出問題，如：理想信念不堅定、對黨不忠誠、紀律鬆弛、脫離群眾、獨斷專行、弄虛作假、庸懶無為，個人主義、分散主義、自由主義、好人主義、宗派主義、山頭主義、拜金主義的不同程度存在，形式主義、官僚主義、享樂主義和奢靡之風問題突出，任人唯親、跑官要官、買官賣官、拉票賄選現象屢禁不止，濫用權力、貪污受賄、腐化墮落、違法亂紀等現象滋生蔓延，特別是高級幹部中極少數人政治野心膨脹、權欲薰心，搞陽奉陰違、結黨營私、團團夥夥、拉幫結派、謀取權位等政治陰謀活動。這些問題不僅嚴重侵蝕黨的思想道德基礎、嚴重破壞黨的團結和集中統一、嚴重損害黨內政治生態和黨的形象、嚴重影響黨和人民事業發展，而且嚴重影響黨風政風民風和社會風氣。由此，堅持黨要管黨、從嚴治黨、從嚴治吏，大力開展黨風廉政建設，淨化黨風政風，帶動和促進社會風氣向上健康發展，理應是社會建設題中應有之義和重要內容。

十八大以來，以習近平同志為核心的黨中央在社會建設上著眼於

民生，圍繞社會管理領域面臨系列新情況新問題，通過深化改革，突破傳統社會管理模式而向現代社會治理轉變，創新社會治理新理念，改進社會治理方式，創新社會治理體制，構建全民共建共用的社會治理格局，完善中國特色社會主義社會治理體系，努力建設更高水準的平安中國，進而不斷深化對社會建設和社會治理規律的認識，基本形成了一個層次分明、有機統一且具有豐富內涵和嚴謹邏輯的思想體系。這一思想體系既是對過去成功經驗和理論的堅持、繼承和發展，又是對這5年來社會建設實踐經驗的凝結和昇華，兩者的結合註定它對未來社會建設必然起著引領作用而成為推動我國社會領域改革發展、推進我國社會治理現代化的強大思想武器和行動指南。

（五）社會主義生態文明建設長效體制

生態文明建設越來越成為人類共識和協同行動。由於自改革開放以來，我國經濟發展長期採取的是一種粗放式發展方式，靠拼資源、拼環境消耗拉動經濟的快速發展，這給我國的生態環境帶來了嚴重破壞。從 20 世紀 80 年代末開始，我國就已經重視，但在「以經濟建設為中心」「發展是硬道理」和「以 GDP 作為政績考核的主要指標」的指導思想和指揮棒下，生態環境在繼續惡化，導致 GDP 增長速度越快總量越多，生態環境破壞得也越快越厲害，兩者呈正相關關係。

生態文明建設的要害在於發展方式的轉變和科學制度的形成。面對 30 多年快速發展帶來的環境惡化這一殘酷現實，以及中國經濟社會的可持續發展，我們「必須」並且「加快」從生態文明體制建設視角，尋找更為科學有效的制度性解決方案，以統籌經濟發展和環境治

理的問題。黨的十八大報告提出，保護生態環境必須依靠制度。要把資源消耗、環境損害、生態效益納入經濟社會發展評價體系，建立體現生態文明要求的目標體系、考核辦法、獎懲機制。十八屆三中全會明確提出，建設生態文明，必須建立系統完整的生態文明制度體系，用制度保護生態環境。要緊緊圍繞建設美麗中國，深化生態文明體制改革，加快建立生態文明制度；要健全自然資源資產產權制度和用途管制制度，劃定生態保護紅線，實行資源有償使用制度和生態補償制度，改革生態環境保護管理體制。這就實際上是發出了生態文明體制構建的號角。

當前，我國構建生態文明建設長效機制的機遇期非常好。一方面，社會公眾的生態保護意識逐步增強，參與的主動性和參與的程度不斷提升；另一方面，生態資源破壞和惡化所形成的外部約束力形成了較強的「倒逼」機制。而且，經過十八大到十八大三中全會的上下努力，全面深化改革已經基本形成共識，只要我們堅定信心、長期努力，推動包括生態文明體制在內的一系列改革，形成人與自然和諧發展的現代化建設新格局一定就會實現。

第四章

中國特色社會主義道路的「中國特色」與世界影響

　　道路的「中國特色」不是意識形態論辯的擋箭牌，而是有著實實在在的豐富內涵。「中國特色」並沒有脫離科學社會主義本色，而是中國共產黨這名偉大的畫師在科學社會主義本色和中國國情底色上，精心「調製」出來的更為絢麗多彩的中國色。正如習近平總書記針對道路所言的，中國道路「不是簡單延續我國歷史文化的母版，不是簡單套用馬克思主義經典作家設想的範本，不是其他國家社會主義實踐的再版，也不是國外現代化發展的翻版」[1]。

　　中國特色社會主義道路，凝聚了幾代人的智慧，完全經受住了歷

---

1 習近平：〈在哲學社會科學工作座談會上的講話〉，《人民日報》2016 年 5 月 19 日。

史的檢驗、實踐的檢驗和人民的檢驗。中國特色社會主義道路,實現了社會主義和市場經濟的有機結合,既超越了傳統社會主義的發展模式,又超越了西方資本主義的發展道路,是實現我國社會主義現代化的獨特道路,為彰顯社會主義制度的優越性開拓了新途徑,為人類文明發展開闢了新道路。黨的十九大報告指出,這「意味著中國特色社會主義道路、理論、制度、文化不斷發展,拓展了發展中國家走向現代化的途徑,給世界上那些既希望加快發展又希望保持自身獨立性的國家和民族提供了全新選擇,為解決人類問題貢獻了中國智慧和中國方案」。這就完全道出了中國特色社會主義道路的世界影響。

第一節　中國特色社會主義道路富有「中國特色」

習近平總書記指出,「中國特色社會主義這條道路來之不易,它是在改革開放 30 多年的偉大實踐中走出來的,是在中華人民共和國成立 60 多年的持續探索中走出來的,是在對近代以來 170 多年中華民族發展歷程的深刻總結中走出來的,是在對中華民族 5000 多年悠久文明的傳承中走出來的,具有深厚的歷史淵源和廣泛的現實基礎」[1],中國特色社會主義就是從中國的歷史文化和社會土壤中生長起來的科學社會主義。中國特色社會主義表現出來的強大而持久的生命力集中體現

---

[1] 習近平:〈在對歷史的深入思考中更好走向未來,交出發展中國特色社會主義合格答卷〉(在中共中央政治局第七次集體學習時的強調),《人民日報》2013 年 6 月 27 日。

於「中國特色」，而科學社會主義的「中國特色」深植於中國「獨特的文化傳統，獨特的歷史命運，獨特的國情」。對此，習近平總書記多次強調，「獨特的文化傳統，獨特的歷史命運，獨特的國情，註定了中國必然走適合自己特點的發展道路。」[1] 歷史已經證明，離開了自己的歷史文化傳統、歷史命運與國情來選擇發展道路的民族、地區、國家，或遲或早地都會為這種選擇付出慘重的代價甚至災難性後果。正是基於這「三個獨特」，中國才走出一條成功的發展道路——中國特色社會主義道路。一定意義上完全可以這樣認為，中國獨特的文化傳統、獨特的歷史命運、獨特的國情，是中國社會主義發展道路的「特色」內涵所在，是中國特色社會主義道路強大的生命力源泉所在。

一、「獨特的文化傳統」

具有獨特精神標誌和精神基因的中華民族傳統文化這一「獨特的文化傳統」，不僅給中國特色社會主義持久而蓬勃生命力提供源源不斷的精神動力，而且供養豐厚肥沃的文化土壤。沒有中華民族傳統文化的滋養，中國特色社會主義道路難以為繼，走不到今天；即便走到今天，也難以在發達資本主義主導的世界體系中站穩腳跟。中華文化在中國特色社會主義發展中一直在發揮著比其他因素更基本、更深

---

1 習近平總書記在 2013 年 8 月 19 日的全國宣傳思想工作會議上、2014 年 4 月 1 日的布魯日歐洲學院的演講中和 2015 年 6 月 19 日會見喀麥隆總理菲勒蒙時一再強調這一思想。<胸懷大局把握大勢著眼大事，努力把宣傳思想工作做得更好>，《人民日報》2013 年 8 月 21 日；習近平：<在布魯日歐洲學院的演講>，《人民日報》2014 年 4 月 2 日；2015 年再次強調，《人民日報》2015 年 6 月 23 日。

沉、更持久的力量。習近平總書記指出,「歷史和現實都表明,一個拋棄了或者背叛了自己歷史文化的民族,不僅不可能發展起來,而且很可能上演一場歷史悲劇。」[1] 我國哲學家賀麟從東方思想視角認為:「在思想和文化的範圍內,現代絕不可與古代脫節。任何現代的新思想,如果與過去的文化沒有關係,便有如無源之水、無本之木,絕不能源遠流長、根深蒂固。文化或歷史雖然不免經外族的入侵和內部的分崩瓦解,但也總必有或應有其連續性。」[2] 美國文化哲學家懷特從西方思想角度指出,任何民族文化都是一個連續的統一體,文化發展的每一個階段都產生於更早的文化環境。[3] 世界上任何民族文化的發展都是一個連續不斷的過程。一定意義上講,傳統文化是現代文化的過去,現代文化是傳統文化的發展。這裡提出的中華民族傳統文化是中國特色社會主義道路之根,不是講一般意義上的文化傳承,而是著重強調 5000 年傳統文化中對中國特色社會主義發展產生積極作用的具有中國特色的文化因子。

中華文明能在世界上長存 5000 年而沒有被中斷過,是有其內蘊,有其獨特的長處和特點。那積澱著中華民族最深層精神追求、源遠流長的中華文化,為生生不息的中華民族,為中國特色社會主義道路提供了哪些獨特的文化因子呢?比如,在漫長的五千年中華文明的歷史進程中積澱出的以愛國主義為核心的中華民族精神;「和而不同」的包容性思維、系統性思維等與西方人擅長邏輯分析的思維方式不同的

---

1 習近平:〈在哲學社會科學工作座談會上的講話〉,《人民日報》2016 年 5 月 19 日。
2 賀麟:《文化與人生》,商務印書館 1988 年版,第 4 頁。
3 懷特:《文化科學》,曹錦清等譯,浙江人民出版社 1988 年版,第 325—326 頁。

中國特色的思維方式；歷史形成的以「義」為先和義利統一的整體價值觀、以「和為貴」和「家國天下」的社會和諧價值觀、「天人合一」的自然和諧價值觀等「和合」集體價值觀；和其他一些重要文明的文化源自宗教不同的世俗倫理占主導地位的人生觀。

二、「獨特的歷史命運」

歷史形成的獨特而穩定的中國傳統社會結構，與社會主義社會具有極強耦合性，是中國特色社會主義具有持久而蓬勃生命力的社會土壤。按照馬克思主義五個社會形態理論，封建社會之後應是資本主義社會，社會主義應先在發達資本主義國家實現，最後全人類實現共產主義。這是馬克思恩格斯揭示出的人類社會發展的一般規律。但是，社會主義制度沒有在西歐發達資本主義國家產生，反而是資本主義由西歐到北美，由澳大利亞到日本，形成一個由發達資本主義主導的資本主義世界體系。第一個社會主義國家首先是在「帝國主義鏈條最薄弱的」俄國建立。半封建半殖民地的中國為什麼沒能發展出資本主義制度，而又成功地走上社會主義道路？除了俄國十月革命和馬克思列寧主義的影響，恐怕還得要從中國具體的社會歷史的發展來回答這個問題。因為，中國社會在長達五千年發展中，有兩三千年是以大一統而不是分裂形式存在，並積累了豐富的集體生存經驗，這些集體生存經驗不僅對中華民族自己極為重要，還蘊含著整個人類未來的出路，與社會主義社會具有天然的耦合性。

中國歷史上基本上是以大一統的集體生存方式而發展。作為中華民族主體的漢族，是在歷史上由很多民族融合而成的，如黃帝時期，

黃帝和蚩尤部落的融合，五代十國時期的五胡內遷等。民族融合如此，國家統一更是如此。中國歷史上不是沒有出現分裂的局面，如春秋戰國、五代十國，都是小國林立、群雄爭鋒的時代，但是在分裂之後能夠迅速地回歸統一，最主要的原因就是中國人潛意識裡有一種追求秩序和諧與大一統的意識，在分裂的時候，能夠有人站出來，順應人民的要求，引導人民重新回歸統一。秦漢開始，中國走上大一統的帝國時代。在大一統的帝國體制下，人們生產方式、生活習性、價值觀念、以及社會組織結構諸多方面表現出更多同質性。這些同質性促進各民族間及各種文化間你中有我、我中有你，並形成同質體的中華文明大板塊和中華帝國。這種文明共同體具有巨大的社會系統穩定效應和社會結構凝聚力。這種社會系統穩定效應和社會結構凝聚力，最突出體現就是「禮治」。為形成和保證社會秩序的穩定和諧，中國傳統特別強調「禮」的作用。什麼是禮？禮的原生義是指敬神，後來引申為對秩序的發自內心的虔誠敬重，以及為表示敬意而舉行的隆重的儀式。禮的實質就是，用發自內心的對神祇那樣的敬畏心，來承順秩序。如何保持「社會系統穩定」而不被破壞？以「禮」來保證「社會系統」秩序，就叫「禮治」。「禮治」要求社會成員各安名分，遵守禮制，不得越位。這種階級社會的「禮治」，有其固有的歷史局限性。但「禮」確實能起到統一綱紀的作用。在今天，我們所提倡的「以德治國」、培育和踐行社會主義核心價值觀，實際上就是一種社會主義社會的「禮治」。

正因如此，中國改朝換代易，社會結構改變難。1840 年以來，舶來自由資本主義也好，在官僚體制衍生的官僚資本主義也罷，都沒能在中國走通。而只有馬克思主義、社會主義傳到中國，立馬在中國生

根發芽，並茁壯長成參天大樹。原因何在？就在於中國傳統文化中的集體主義、大同思想等與社會主義社會價值取向相契合。中國傳統穩定的社會結構與社會主義社會，決定著中國將不可能效仿資本主義現代化道路，不可能向外擴張、轉移矛盾，將自己的現代化建立在其他地區和國家的貧困與混亂的基礎上，像西方發達資本主義國家那樣「走自己的路、讓別人無路可走」。

三、「獨特的國情」

半封建半殖民地的「兩半社會」，使中國必經一個難以擺脫資本主義影響的社會主義初級階段，決定著中國必須要利用好資本主義來發展中國特色社會主義。西方資本主義為了「按照自己的面貌為自己創造出一個世界」[1]，利用先進的交通技術和工業化水準，在全球野蠻擴張，到處建立殖民地。具有 4 億多人口市場和豐富資源的中國，始終就沒有脫離開過資本全球擴張的視線。1840 年鴉片戰爭後，中國開始喪失了獨立自主，一步步淪落為半殖民地半封建社會。「兩半社會」基本規制著中國社會發展的走向很難是資本主義，結果也證明確實如此。近代中國之所以沒能發展出資本主義制度的基本原因，可能在於這「兩半社會」。在半殖民化中國，中國民族資本主義基本上是在帝國主義強大勢力的排擠和壓迫下發展，這是其難以生長起來的主要原因。帝國主義在中國開辦企業，也不是為了使中國變成資本主義國

1《馬克思恩格斯選集》第 1 卷，人民出版社 1995 年版，第 276 頁。

家，而是為了利益。正如，馬克思在談到英國對印度入侵的後果時指出：「印度人失掉了他們的舊世界而沒有獲得一個新世界，這就使他們現在所遭受的災難具有一種特殊的悲慘色彩，使不列顛統治下的印度斯坦同它的一切古老傳統，同它過去的全部歷史斷絕了聯繫。」[1]帝國主義只是在讓中國承受資本邏輯所帶來的深重苦難，絕不會給中國以機會獲得一個「新世界」。

民族不獨立，在喪失獨立主權的基礎上發展資本主義既不能自由也無法壯大。中國的封建土地所有制，作為封建制度的主要基礎基本沒有鬆動而保持著絕對的統治地位。19 世紀中後期，雖然有了資本主義，但占統治地位的是封建主義，所以稱為半封建社會。在半封建社會疊加半殖民地社會的中國，以買辦勢力和封建地主階級為基礎的軍閥、官僚、政黨不得已要依附帝國主義。各帝國主義為了自己利益也需要有這方面的代理人。兩者就天然地結合在一起，成了難以摧毀的堡壘。不對封建土地所有制進行改革，就不可能有資本主義的發展，更不可能有社會主義發展。這就形成了兩對主要矛盾，一是封建主義和人民大眾的矛盾，二是帝國主義和中華民族的矛盾。因此，反帝反封建以擺脫半殖民地半封建社會性質，爭取民族解放和復興、國家獨立和富強、人民富裕與幸福，成了中國人民和中華民族的歷史任務和使命。

中國共產黨取得新民主主義革命勝利，完成反帝任務後，面臨一個如何處理資本主義的問題。剛取得民主革命的勝利也不可能直接實

1《馬克思恩格斯文集》第 2 卷，人民出版社 2009 年版，第 679 頁。

行社會主義，怎麼辦？允許資本主義一定時期一定範圍的發展。毛澤東同志指出，官僚資本「替新民主主義革命準備了充分的物質條件」[1]，「由於中國經濟的落後性，廣大的上層小資產階級和中等資產階級所代表的資本主義經濟，即使革命在全國勝利以後，在一個長時期內，還是必須允許它們存在；並且按照國民經濟的分工，還需要它們中一切有益於國民經濟的部分有一個發展；它們在整個國民經濟中，還是不可缺少的一部分。」[2] 經過三年經濟恢復期，民族資本的發展也在人民民主政權下得到了極大發展。1952 年，全國土地改革完成，反封建的任務緊接著基本完成。「逐步地增加國民經濟中的社會主義成分，加強國民經濟的計劃性，以便逐步穩當地過渡到社會主義」[3]，擺上議事日程。如何過渡？中國共產黨創造性地提出三大改造。1956 年隨著農業、手工業和資本主義工商業的社會主義改造基本完成，實現了由新民主主義到社會主義的過渡，社會主義基本制度建立。

中國沒有經過獨立發展的資本主義階段，只是以特殊方式經過了資本主義的現實[4]，影響到社會主義建設。那我們只能跳過這樣的階段，在「一窮二白」的底子上開始建立社會主義社會。馬克思後來曾分析過東方國家，認為東方國家在一定條件下可以「跨越卡夫丁峽

---

1 《毛澤東選集》第 4 卷，人民出版社 1991 年版，第 1254 頁。

2 《毛澤東選集》第 4 卷，人民出版社 1991 年版，第 1254 頁。

3 《劉少奇選集》（上卷），人民出版社 1981 年版，第 428 頁。

4 按照馬克思主義觀點，社會主義是要在發達的或比較發達的資本主義國家才能建立，而中國的具體歷史條件決定了它不可能經過那樣的階段。但是，中國還是有過資本主義（外國帝國主義的資本、官僚資本和民族資本），同時也產生了無產階級、資產階級和小資產階級。

谷」，不經過資本主義的苦難直接進入社會主義。馬克思這是僅從生產關係角度講的，沒有照顧到生產力。生產力是不能跨越的。1956 年始，我國進入全面建設社會主義時期，由於一味地強調生產關係，在社會主義建設道路上，遇到了許多困難，發生了許多失誤。之前 30 年的經驗教訓，使中國共產黨認識到了「什麼是社會主義，怎樣建設社會主義」這一首要的基本理論問題，提出了社會主義初級階段理論，並把社會主義初級階段定位為中國建設社會主義的最大國情。從此，中國在改革開放中走上和走出了一條中國特色社會主義發展道路。

獨特的文化傳統、獨特的基本國情、獨特的歷史命運，不僅使科學社會主義的「中國特色」體現得淋漓盡致，更是把中國特色社會主義與中國的歷史、現實與未來、中國與世界很好地橋接起來了。這是科學社會主義「中國特色」的底色與基本邏輯。正是對「三個獨特」這一基本邏輯的根本遵循，才使科學社會主義在中國近代以來跌宕起伏、波瀾壯闊的人民鬥爭歷史中和中國社會主義實踐中生根發芽、開花結果，並成功地結出了中國特色社會主義道路、中國特色社會主義理論體系、中國特色社會主義制度、中國特色社會主義文化這四位一體的中國特色社會主義輝煌果實。

第二節　中國特色社會主義道路是一條 非西方的現代化道路

　　人類社會作為一個動態系統，有它自己的發展規律。微觀到每個國家，因其不同的社會結構而表現出不同的具體發展規律，西方與中國不同；在西方，美國與英國不同，英國與歐洲大陸國家不同。西方國家的社會結構多為分子式；中國的社會結構為系統式。分子式結構的社會與系統式結構的社會所走的發展道路是兩條完全不一樣的道路。

　　實現現代化，是每個民族和國家的共同追求與嚮往。但走向現代化途徑卻不可千篇一律，理論上如此，現實表現也是如此。同是資本主義制度下的西方現代化在西歐的具體表現不同於北歐，更不同於北美。同是社會主義制度下的蘇東國家與社會主義中國也不完全相同。不同社會制度下的現代化路徑就不是具體表現的不同了，而是本質上的不同、方向上的迥異，就如中國特色社會主義道路與西方現代化道路。

一、西方走的一條什麼樣的現代化道路？

　　我們可以從 1500 年西方資本主義萌芽開始，分四個歷史發展階段來看看西方走的到底是一條怎樣的現代化道路？

　　第一，資本主義原始資本積累階段。西歐國家崇尚「叢林法則」的競爭性文化性格與資本天然具有的競爭性、利己性、冒險性的結合

是資本主義的全部秘密所在。因此，15 世紀末、16 世紀初，新航路的開闢、商業革命，促進資本在國內通過暴力完成原始資本積累之後，開始走出國門，在全球各地通過一系列赤裸裸的侵略、搶劫行徑，變其他國家地區為其殖民地或半殖民地、其他民族和人民為其消費品消費對象和商品原料生產者。一個世界市場被資本的貪婪所開拓，一切國家的生產和消費都成為世界性的了，整個世界從此開始密切聯繫。世界市場的形成與世界的緊密聯繫，都是在為資本主義創造一個屬於它們自己的「世界」──西方現代化。這個現代化是以少數資本主義國家對內確立資產階級在政治上的統治地位、對外瘋狂地進行經濟剝削和文化輸出。這樣的現代化是用世界人民為其支付發展代價的現代化。這種把世界大多數的第三世界國家作為其現代化發展的「永動機」的現代化是不可持續的，遲早要被另一種現代化所替代。

第二，近代資本主義國家建立階段。隨著資產階級統治地位的確立，歐洲一批近代資本主義民族國家建立並得到鞏固。近代民族國家的建立適應資本發展，並按照資本意志建立了強大的國家機器。這樣一來，一方面，資本可以利用國家機器順利獲得自身自由發展所需要的空間條件和物質條件，同時避免它可能遭遇到的外部競爭；另一方面，民族國家可代表資本來組織社會力量打破可能危及資本的種種限制。因此，以英國為首的西方國家利用原始積累階段積累的雄厚的原始資本、充沛的產業工人後備軍以及擁有的廣闊海外殖民地市場，率先進行生產方式的變革，開啟第一次工業革命。第一次工業革命帶來生產方式的變革，極大地改變了整個世界的面貌。資本在全球的擴張範圍更廣、侵略剝削的程度更深，少數資產階級為了以少制多聯合起來，對外確立經濟剝削和文化霸權的統治地位，這初步奠定了資本主

義制度在世界範圍內的統治，構建了資本主義的初步殖民體系，形成了統一的資本主義世界市場，並人為地製造出一個廣闊的第三世界。而多數無產階級卻還因地理界線局限在一區一域，忍受著全球資本的殘酷剝削與壓迫。從社會生產力發展角度看，第一次工業革命促進了人類社會進步，但掌握工業革命的資產階級的本意卻與人類社會發展方向是相背的。

第三，資本主義壟斷階段。隨著更多的國家成為現代資產階級民族國家，資本本性促使它們之間的競爭日趨激烈。資本在新一輪的擴張中加劇競爭，在競爭中走向壟斷。在這種背景下展開的第二次工業革命，客觀上促進了人類社會發展；主觀上完成了資本對自身壟斷式經營和資本全球化的第一波擴張，幾個主要資本主義國家實現了對國內外資源的瓜分式壟斷，並最終在世界範圍內構建了資本主義的殖民體系，形成了統一的資本主義世界市場。這種由資本本性帶動的人類社會發展，完全從屬於持續為資本服務的主觀目的。從此，人類整體的絕大多數和大自然成為西方資本主義的工具或對象。

第四，當代跨國資本發展階段。20 世紀初，壟斷導致幾個主要資本主義國家對世界瓜分完畢。於是，資本本性導致其他資本主義國家的進一步發展就是爭奪世界，到主要資本主義國家地盤上去虎口拔牙，搶奪資源分享利潤。這樣，爆發戰爭不可避免。在歐洲的兩次世界大戰，一方面顯示資本主義會不惜一切力量來保證它的利益，哪怕發動世界戰爭，甚至與整個星球為敵；另一方面基於物理資源的有限性，促使著資本主義想獲得發展，除了戰爭就必須進一步推進科技變革。二戰後，隨著第三次科技革命特別是互聯網技術迅速發展，除了跨國資本以跨國公司為載體走出國家邊界、從更深更廣層次上在全球

到處流動和投機外,資本主義借助金融資本這一新型剝削工具在全球範圍內以前所未有的速度擴張,並達到前所未有的高度,進而導致一個金融帝國主義世界體系的形成。資本在大大加快全球化進程的速度與深度的同時,更加加劇了當代世界政治的不平等、經濟的兩極分化、文化的隱形滲透、人與自然的生態失衡。

　　西方資本主義現代化道路到底給人類社會留下什麼?歸結起來有以下幾點:第一,資本全球聯合對全球產業工人的分化和過度剝削與壓迫;第二,資本在聯合過程中的相互競爭性導致的戰爭,破壞整個社會生態系統的生存能力;第三,資本的無限擴張和唯利是圖的本性不斷地破壞著人與自然平衡,造成全球環境污染、生態失衡;第四,資本主義全球化在引發資本與資本之間對立的同時,既製造大多數第三世界國家與少數發達資本主義國家的兩極分化,又製造所有國家內部的兩極分化。歸結一點,就是全球系統內的勞資對立與資本之間對立。「資本與勞動力之間的『垂直關係』是剝削者與被剝削者之間必然的敵對關係,而資本與資本之間的『水準關係』是剝削者在分配他們聯合從工人階級那裡攫取的利潤時形成的競爭性鬥爭關係」。[1]就資本主義這種「走自己的路,讓別人無路可走」的發展方式,最終致使自己的路越走越窄,直至無路可走。這就是西方走出的一條現代化道路。

---

1 阿列克斯・卡利尼克斯著,羅漢譯:《反資本主義宣言》,上海譯文出版社 2005 年版,第 13 頁。

二、中國特色社會主義道路是一條追求現代化但拒絕西方化的道路

鴉片戰爭以來，中華民族偉大復興成為中國發展的主旋律。復興的目標主要兩個，一是富強，二是文明。富強是文明的基礎與載體，沒有富強，哪來文明；文明是富強的根本與歸宿，沒有文明，再富強，也走不了多遠。文明復興，並不是簡單的文化復古，而是中華文明的轉型與更新升級。在西方發達資本主義國家主導的世界體系中，中國想踩著西方腳印成為發達國家的路，已經歷史地堵死。況且，這條路，中國人民不會贊成，170 多年中國發展史已經證明這一點，帝國主義也不會贊成。美國前總統奧巴馬在 2010 年訪問澳大利亞時的一次講話中提到，如果中國過上和美國和澳大利亞一樣的生活模式，那對世界將是一場災難，這個星球支撐不了，中國必須有另外一種更加持續發展的模式。[1]2013 年 7 月，他說：「在非洲那裡，如果每個人的生活水平提高到人人有車開、人人有空調吹、人人有大房子住的程度，嗯，那這個星球就要沸騰了。」[2]奧巴馬釋放的一個信號就是，你們這些發展中國家，不能像我們西方人一樣享受高貴的生活，你們必須選擇另外一種能夠至少保證我們西方生活品質不被降低的生活方式，否則，我們會對你們不客氣。

新民主主義革命勝利宣告中國自 1840 年鴉片戰爭以來「屈辱的世紀」的結束。中國社會主義制度的建立為實現中國式現代化奠定

1 楊瑩、王小強：〈鄧英淘：為了多數人的現代化〉，《香港傳真》2012 年第 1 期。
2 參見〈奧巴馬的殘酷建議〉，《華盛頓時報》網站，2013 年 7 月 3 日。

了基礎。中國特色社會主義道路是一條「追求現代化但拒絕西方化」的道路，是中國這樣一個經濟文化落後的國家的必經之路。這是中國共產黨和中國人民從中國實際出發走出的一條獨立自主的發展道路。也就是說，中國特色社會主義道路「既沒有繼續採用『蘇聯模式』，又成功地避開了『依附論』『中心─週邊論』『西化論』等以資本主義模式為中心的理論的影響，而是立足自身實際，面向世界、面向未來，逐步探索出了一條既切合中國實際，又順應世界歷史潮流的有中國特色的社會主義現代化道路，創造性地克服了近代以來中國現代化一個半世紀歷程經歷過的種種挫折、失誤，成功地跨越了當今許多發展中國家普遍面臨的種種發展困境」。[1]

鄧小平同志曾指出，我們黨的十一屆三中全會的基本精神是解放思想，獨立思考，從自己的實際出發來制定政策。「因為在中國建設社會主義這樣的事，馬克思的本本上找不出來，列寧的本本上也找不出來，每個國家都有自己的情況，各自的經歷也不同，所以要獨立思考。」[2] 當然，我們強調獨立自主探索本國的發展道路，並非閉關自守地進行現代化建設，而是說不能照搬照抄別國的發展模式和經驗。

中國特色社會主義道路既符合中國社會現實和社會發展客觀規律，又充分利用世界歷史發展提供的選擇空間，同時對人類歷史提出的新的發展方向做出正確抉擇。

這一正確抉擇，是在不斷探索與深化認識中做出的。1954 年，一屆人大提出「四個現代化」的構想，1958 年的「大躍進」使我們的經

---

1 沈雲鎖：《中國模式論》，人民出版社 2007 年版，第 418 頁。
2 《鄧小平文選》第 3 卷，人民出版社 1993 年版，第 260 頁。

濟躍而不進；1964 年，三屆人大提出在本世紀實現「四個現代化」；1966 年開始的「文化大革命」使之化為泡影；1975 年，四屆人大再次提出本世紀末實現「四個現代化」；1976 年的「批鄧反擊右傾翻案風」使之夭折；1978 年，黨的十一屆三中全會決定，把全黨工作的重點轉移到社會主義現代化建設上來。從此，中國走上一條中國特色社會主義現代化之路。沒有改革開放前 30 年的經驗與教訓的積累，中國共產黨對社會主義現代化建設規律的認識可能還要多摸索一段時間。因為，「對於建設社會主義的規律的認識，必須有一個過程。必須從實踐出發，從沒有經驗到有經驗，從有較少的經驗，到有較多的經驗，從建設社會主義這個未被認識的必然王國，到逐步地克服盲目性、認識客觀規律、從而獲得自由，在認識上出現一個飛躍，到達自由王國。」[1] 鄧小平同志開創的中國特色社會主義道路就是這樣一步步走出來的。截至今日，我黨對這條「適合中國的情況」的「中國式的現代化道路」[2] 的認識是否就「到達自由王國」呢？未必。但正在逐漸接近，這毫無疑問。

黨的十九大明確提出，到 2035 年要基本實現現代化，到 2050 年要全面實現富強民主文明和諧美麗的社會主義強國，實現中華民族偉大復興中國夢。

1《毛澤東文集》第 8 卷，人民出版社 1999 年版，第 300 頁。
2《鄧小平文選》第 2 卷，人民出版社 1993 年版，第 163 頁。

第三節　中國特色社會主義道路為解決人類問題貢獻了中國智慧、提供了中國方案

　　從黨的十一屆三中全會開始，中國共產黨領導中國人民開闢了中國特色社會主義道路。這是繼毛澤東同志領導中國人民把半封建半殖民地的舊中國變為社會主義新中國的偉大革命之後，把中國由不發達的社會主義國家變成富強民主文明和諧美麗的社會主義現代化強國的又一場偉大實驗。作為客觀事實描述，中國特色社會主義道路從一產生就既具有中國性，也具有世界性，中國的發展無論對發展中國家還是對發達國家都具有參照意義。中國特色社會主義道路不僅改變了中國，而且正在幫助和重塑世界，給世界帶來新的希望，中國將改變世界秩序。

一、中國共產黨領導人論中國對人類社會的貢獻

　　對於中國給人類社會的貢獻問題，中國共產黨的領導人都有重要論述。當然，這些論述不是信口開河，而是基於對人類社會發展規律和社會主義建設規律的認識，是基於中國現代化道路的符合人類社會發展規律的歷史選擇與符合人類根本利益的人民選擇的高度統一的偉大實踐。

　　早在 1956 年，毛澤東同志就提到「中國應當對於人類有較大的貢獻」。中國如何對人類做出自己的貢獻，1981 年，鄧小平同志指出，

「中國人民將通過自己的創造性勞動根本改變自己國家的落後面貌，以嶄新的面貌，自立于世界的先進行列，並且同各國人民一起，共同推進人類進步的正義事業。」中國對人類最大的貢獻應該是為第三世界走出一條現代化道路。鄧小平同志指出：「我們的改革不僅在中國，而且在國際範圍內也是一種試驗，我們相信會成功。如果成功了，可以對世界上的社會主義事業和不發達國家的發展提供某些經驗。」到21 世紀中葉，中國基本實現現代化，「到那時，社會主義中國的分量和作用就不同了，我們就可以對人類有較大的貢獻。」中國特色社會主義道路的成功，就「為占世界總人口四分之三的第三世界走出了一條路」。江澤民同志強調，有中國特色的社會主義事業蓬勃發展，必將對世界社會主義事業和人類進步事業做出重大貢獻。胡錦濤同志指出，「中國的發展，不但使中國人民穩定地走上了富裕安康的廣闊道路，而且為世界經濟發展和人類文明進步做出了重大貢獻。」習近平總書記以偉大政治家的眼光提出，中國道路是在「從世界和平與發展的大義出發，貢獻處理當代國際關係的中國智慧，貢獻完善全球治理的中國方案，為人類社會應對21 世紀的各種挑戰作出自己的貢獻」[1]。這算是習近平總書記第一次提出「中國智慧」「中國方案」兩個概念。

二、國內外學者政要論中國特色社會主義道路的世界意義

中國特色社會主義道路對世界文明產生的影響與意義是客觀存在

---

1 習近平：〈在德國科爾伯基金會的演講〉（2014 年 3 月 28 日），《人民日報》2014 年 3 月 31 日。

的。隨著中國國力及國際地位獲得迅速提升，中國特色社會主義道路必然產生更多、更大的「溢出」效應。對此，國際社會應該感受最深、最直接。

西方一些學者和政要根據 40 多年中國發展的強勁表現，基本也認同中國特色社會主義道路的國際意義非凡，認為中國特色社會主義將為人類社會開創出一條與西方現代化道路不一樣的道路。

關注中國消除貧困問題的世界銀行的帕迪克·巴塔薩利先生，把中國改革開放以來幫助 2 億多人擺脫貧困，看作是「現代中國的巨大勝利，是人類歷史上一個前所未有的成就」[1]。

蘇東原社會主義國家的一些學者通過把他們國家向資本主義市場經濟轉軌的情況同中國的社會主義市場經濟進行對比，得出這樣的結論：「東歐國家、俄羅斯和獨聯體其他國家 1989 年之後發展市場經濟的辦法不是完善社會主義，結果不僅違背了本國國家利益，而且破壞了生產力，生產不斷下降，經濟危機不斷加深，社會危機和道德危機在全社會蔓延，把國家變成了依賴於別國的『香蕉共和國』」[2]。「在原社會主義國家中，只有中國是成功的，那裡沒有迅速摧毀需要改造的社會主義結構，並立刻實行市場化經濟，而是在相對保持政治和經濟結構的同時，逐步確立市場化經濟。就這樣在 15 年來生產不僅沒有下降，甚至以前所未有的速度增長，生活水準不僅沒有下滑，甚至比任何走在資產階級道路上的國家更快地提高」[3]。

---

1 美國《財富》雜誌，2004 年 10 月 4 日。
2 保加利亞《言論報》，1994 年 11 月 1 日。
3 《匈牙利新聞報》，1994 年 9 月 4 日。

2003 年 4 月，前民主德國駐華大使貝特霍爾德撰文指出，當今資本主義「在經濟發展速度不斷加快的同時，它已無法解決日益嚴重的全球性問題」，「現在世界越來越明確地要求成功塑造一個資本主義的對立面。中華人民共和國的重要意義以及今天中國所發生的一切也正在於此。」[1]

2004 年，美國學者約書亞‧庫珀‧雷默提出的「北京共識」命題，不僅從話語上證明了中國特色社會主義道路的國際影響，而且指出中國的經濟發展模式不僅是適用於中國的，也是追求經濟增長和改善人民生活的發展中國家效仿的榜樣。雷默先生的意思是說，中國特色社會主義道路的重要意義在於，對世界上那些正在尋找一條既能發展自身，又能保持本國特色和政治選擇的發展道路的廣大發展中國家來說，中國提供了一種新思路。

2006 年英國《生存》季刊撰文指出，蓬勃發展的中國經濟為國際社會樹立了光輝榜樣，為發展中國家開具了一個成功「良方」，「影響著許多國家的道路」。[2]

聯合國貿發會《2006 年貿易與發展報告》的總協調官德特勒夫‧科特通過對比中國與拉美一些國家的發展情況指出：「墨西哥、巴西、阿根廷等拉美國家 20 到 25 年以前的人均收入水準比中國高得多，然而後來它們的經濟卻被嚴重的債務危機所困擾，原因就是這些國家當

---

1 羅爾夫‧貝特霍爾德：〈中國 2003——邁向社會主義的道路〉，德國《我們的時代》2003 年 4 月 25 日。

2 貝茨‧吉爾，黃岩鐘：〈中國軟實力資源越來越豐富〉，《參考消息》2006 年 11 月 1 日。

時的政府從國際資本市場上貸款過多，採取了依靠外國資本來促進進口、從而推動經濟發展的政策，隨著利率的急劇升高，貸款的成本也跟著升高，最終這些國家無法償還債務，所以出現了債務危機，導致經濟嚴重滑坡。相比之下，雖然許多外國私人資本流入中國，但這並不是中國的核心政策。中國設法保持利率和匯率的穩定，從而使國內出口商保持競爭力，而高出口也帶動了進口的增長，如今許多拉美國家吸取了過去的教訓，在一定程度上借鑑了中國的經驗」。[1]

2008 年 1 月 13 日，墨西哥《每日報》發表文章指出：「剛剛開始的一年，世界的目光將集中在中國。2008 年奧運年，中國將從置身於外，一躍成為毫無爭議的主角；從被排斥在外，到其發展模式被認同，並在人類文明歷史中開闢一個新的篇章。」2008 年 1 月 15 日，印度總理辛格在中國社會科學院發表演說，聲稱中國的改革推動了印度的發展。他說：「在過去的幾十年裡，對外經濟開放使中國深深受益，也使印度深深受益，印度正在發生著變化。我承認，中國的成功是促進變化的一種動力，這一進程始於 20 世紀 80 年代，於 1991 年深入發展。」

2009 年 7 月初，對中國進行過 7 次訪問且親眼見證了中國 30 多年來的飛速發展的孟加拉報紙《今日新聞》主編里亞祖丁·艾哈邁德，在接受新華社記者專訪時說，中國政府將發展經濟放在十分重要的位置上，不管世界風雲如何變幻，中國政府都堅定發展的方針，這一做法很值得孟加拉政府學習和效仿。2009 年 5 月 7 日，美國哈佛大學商

1《參考消息》2006 年 9 月 14 日。

學院教授里金鈉·艾布拉米接受人民網記者採訪時認為，「中國模式」首先是解決中國經濟問題的「實用的模式」，是增長的模式，是適合於發展中國家的模式。同時，「中國模式」還產生了巨大的國際影響。

美國卡特中心中國專案負責人劉亞偉 2009 年 9 月 17 日在《環球時報》上，發表題為〈用社會主義療法應對金融危機〉的文章。他在文章中指出，「在全球化影響下出現的金融危機將會引發治理思潮的『社會主義化』。正是這種治理思潮的變化將對全球未來的發展產生重大影響。」他根據西方國家的發展態勢與中國發展的趨勢，最後斷語：「我們可能更多地需要對症下藥的社會主義。歷史是沒有盡頭的，社會主義是歷史的車輪。」「只有『社會主義』可以救世界。」[1] 美國工人世界黨領導人弗雷德·戈爾茨坦認為，雖然社會主義中國也曾經出現危機，但這是由世界資本主義危機造成的，並且中國成功擺脫了這些危機，因為「經濟基礎中的社會主義成分在中國仍處於主導地位。可以說政治上層建築方面同樣如此」，「中國社會主義結構為基礎的機構和機制，在經濟危機中拯救了廣大民眾。」[2]

中國將給世界帶來一種全新的發展模式，法國巴黎第八大學地緣政治學博士皮埃爾·皮卡爾如是說。「中國越發展，對世界的貢獻越大，給世界帶來的機遇也越大」，這是美聯社對中國發展成就的觀察結果。德國《時代》周報網站 2014 年 1 月 21 日一篇題為〈對中國傲慢是錯誤的〉文章報導，德國前總統里夏德·魏茨澤克 20 年前講過一句話：

---

1 劉亞偉：〈用社會主義療法應對金融危機〉，《環球時報》2009 年 9 月 17 日。
2 弗雷德·戈爾茨坦：〈馬克思主義和中國的社會性質〉，西班牙《起義報》2013 年 6 月 18 日。

「中國的成敗影響整個世界。」英國學者馬丁‧雅克認為：「崛起為世界主要大國的中國將提供與西方完全不同的政治模式和範例。」[1]

以上資料顯示，國際上從南至北，從東到西，從發達資本主義國家到發展中國家都有部分學者政要對中國特色社會主義道路的國際意義持積極肯定的態度。

三、中國特色社會主義道路對其他社會主義國家發展道路的影響

市場經濟與資本主義制度結合已經幾百年歷史，形成一套完善成熟的運作機制和發展規律。中國改革成功最閃亮的地方就是在社會主義制度與市場經濟的完美結合，其他相應改革基本上都是圍繞這一結合而展開。從已經歷的現代化過程來看，一個國家現代化的實現，搞市場經濟是繞不開的。市場經濟，與一個想實現現代化的國家的關係，猶如一個要出國的旅遊者同護照的關係，須臾離不開。既然市場經濟作為發展經濟的手段如此重要，那如何堅持與發展市場經濟更是絲毫不能馬虎。由於市場具有客觀性，是一隻「看不見的手」，其利弊就看如何駕馭這隻手。駕馭好，就是好市場經濟；駕馭不好，就是壞市場經濟。而計劃性是社會主義制度題中應有之義，我們不能因為曾經的計劃經濟而全盤否定計劃性，計劃與市場一樣，只是手段，不是目的。鄧小平同志指出，社會主義與資本主義，都有計劃，也都

---

1 ［英］馬丁‧雅克：《當中國統治世界：中國的崛起和西方的衰落》，張莉、劉曲譯，中信出版社 2010 年版，第 314 頁。

有市場。關鍵是看如何給它們邊界，並運用好它們。

經驗得知，有各種不同的計劃，各種不同的市場。存在有限（相對）與無限（絕對）的計劃，有限（相對）與無限（絕對）的市場。到底如何選擇？關鍵在於各種不同的政府。中國選擇的中國特色社會主義道路，依筆者看，就是把有限（相對）的計劃與有限（相對）的市場結合的典範。有限的計劃重點體現在從中央到地方每五年一次的規劃和每年年底的經濟工作會。有限的市場，按十八屆三中全會精神解讀，就是使市場在資源配置中起決定性作用與更好發揮政府作用相結合。對「兩個有限」邊界把握得好壞，體現社會主義與市場經濟結合得好壞。改革開放 40 多年實踐證明，市場經濟如果不與公有制占主體的基本經濟制度有機地結合與統一，是很難發揮市場在配置資源的基礎性作用和決定性作用的，市場取向的改革很難取得成功；政府如是不利用計劃性（或宏觀調控手段）這隻「看得見的手」來掌控市場這隻「看不見的手」，實現「兩隻手」的有機結合與統一，也是很難更好發揮社會主義的制度優勢，社會主義方向的改革很難取得成功。中國特色社會主義道路的成功，就是在堅持社會主義基本制度的前提下，結合市場經濟取得的。

作為一個發展中的大國和一個社會主義大國，中國的成功與成就，從廣度與深度上，影響著世界。中國特色社會主義道路對於社會主義國家來說，不僅為世界社會主義的現實運動保存了主要力量，而且使人們看到了希望，增強了對社會主義的信念和信心。中國特色社會主義道路的成功開闢甚至對於其他所有國家來講，都具有重要的借鑑和啟示意義。

現代化是人類社會發展的目標。資本主義現代化是現代化過程

中的一個階段，資本主義存在諸如日韓式、英美式、德國式、北歐式等等不同的實現其現代化的發展模式和道路，社會主義現代化的發展模式和道路也不可能固定於一種模式和道路上，也應該呈現多樣化。社會主義是高級於資本主義的一種社會形態，可以從資本主義制度內長入，可以由無產階級用暴力革命手段跨越「卡夫丁峽谷」進入。社會主義現代化高級於資本主義現代化，是現代化過程中的一個更高階段，其中必然要借鑑和包含資本主義現代化的所有積極因素。

已是社會主義的國家，在實現社會主義現代化過程中，其道路應該有多樣性。這是因為各國在經濟、政治、思想文化與歷史上存在差異性，這些差異性必然會產生出不同的理論與實踐，從而使社會主義發展道路呈現出多樣性特點。在這一點上，列寧指出：「一切民族都將走向社會主義，這是不可避免的，但是一切民族的走法卻不完全一樣，在民主的這種或那種形式上，在無產階級專政的這種或那種形態上，在社會生活各方面的社會主義改造的速度上，每個民族都會有自己的特點。」[1]

從中蘇社會主義改革經驗看，只要始終堅持科學社會主義基本原則同本國實際相結合，才能發展出不同的道路。在這一點上，中國最有發言權。鄧小平同志曾經在 20 世紀 80 年代集中講過這個問題。他指出：「我國的現代化建設，必須從中國的實際出發。無論是革命還是建設，都要注意學習和借鑑外國經驗。但是，照抄照搬別國經驗、別國模式，從來不能得到成功，這方面我們有過不少教訓。把馬克思

1《列寧選集》第 2 卷，人民出版社 1995 年版，第 261 頁。

主義的普遍真理同我國的具體實際結合起來，走自己的道路，建設有中國特色的社會主義，這就是我們總結長期歷史經驗得出的基本結論。[1]在會見莫桑比克總統希薩諾時說道：「要講社會主義，也只能講符合莫桑比克實際情況的社會主義」，「世界上的問題不可能都用一個模式解決。中國有中國自己的模式，莫桑比克也應該有莫桑比克自己的模式。」[2]

差異性決定多樣性，多樣性對比出生命力。人類社會發展規律是普遍性與特殊性的統一，社會主義發展道路的多樣性是特殊規律的現實表現，而社會主義強大生命力就在於道路的多樣性。科學社會主義基本原則只有通過一定的民族形式表現出來，社會主義的民族形式必須以科學社會主義基本原則為前提，否則，再科學的社會主義，再好的民族形式也不能稱之為科學社會主義的發展模式。戈巴契夫在蘇聯進行的所謂社會主義改革，與鄧小平同志在中國進行的社會主義改革，既體現了差異性與多樣性，更對比出蘇聯改革的必然失敗和中國改革的強大生命力。前者冠以了民族形式，但脫離了科學社會主義基本原則；後者把科學社會主義基本原則與民族形式很好地結合起來了。

任何建立起來的社會制度都不是一勞永逸的，都要隨著國情、世情的發展變化而不斷對之進行改革和完善，資本主義如此，社會主義也是如此。以民族形式展開的社會主義現代化道路，要保持強大生命力，還必須把改革與開放貫徹始終，因為社會主義社會「不是一種一成不變的東西，而應當和任何其他社會制度一樣，把它看成是經常變

1《鄧小平文選》第 3 卷，人民出版社 1993 年版，第 2—3 頁。
2《鄧小平文選》第 3 卷，人民出版社 1993 年版，第 261 頁。

化和改革的社會。」[1] 改革不是胡亂進行，要始終堅持社會主義方向。
否則，改革就會走上邪路，步蘇聯演變的後塵。蘇東改革的失敗與中
國改革的偉大成就，從正反兩個方面證明了這一點。

對於中國改革的成就，有俄羅斯學者在《真理報》上發表文章說，
中國堅持社會主義的舉措，其「最重要的經驗是中國領導人並沒有打
破以前的體制，也不是絞盡腦汁地要從社會主義向資本主義過渡，而
是在社會主義體制中溶進已成為改革社會主義體制動力的一系列重要
的成分」，「中國的經驗表明：在社會主義制度下，不僅可以進行改
革，而且可以建立一種比震驚全世界的亞洲四小龍那樣的資本主義社
會更快地推動經濟發展的機制」。事實也正是如此。以鄧小平同志、
江澤民同志、胡錦濤同志為代表的中國共產黨擯棄了把現代化等同於
資本主義化、西方化的陳腐觀念，吸取了資本主義現代化的積極元素；
破除了把蘇聯社會主義模式神聖化、凝固化的做法，認清本國國情，
堅持走自己的道路，走出的中國特色的社會主義道路，為社會主義理
論和實踐形式的創新提供了新的養分。[2]

四、中國特色社會主義道路對非社會主義制度的其他發展中國家發展道路的影響

當然，「實踐理性優先，以我為主、兼收並蓄，創新發展，和平
發展」的原則對於其他非社會主義制度下的發展中國家追求現代化同

---

1 《馬克思恩格斯全集》第 37 卷，人民出版社 1971 年版，第 443 頁。
2 尹倩：〈始終不渝地堅持中國特色社會主義道路〉，《求實》2008 年第 2 期。

樣適用。以其他發展中國家為對象，這一原則可具體細化為：一是中國提供了與西方完全不同的政治模式和範例，破除了不同意識形態國家間以相互對抗為主的局面，轉向以和平共存、合作共贏為方向的新型兩制關係。二是「中國崛起帶來的可能是一種全新的思維、一種深層次的範式變化、一種西方現存理論和話語還無法解釋的新認知。」[1]「中國道路在於它自身的闡釋力，既說明自己，也能用來觀察世界。」[2]三是「中國超越了西方單一的西化─民主化─私有化─自由化的政治框架，有效地吸納了經濟轉型和社會調整的張力，防範了一些國家出現的民族分裂和地區分離勢力，維護了國家統一和領土完整。」[3]四是中國道路「對發展中國家擺脫貧困、加快發展發揮著榜樣效應，同時也為整個世界提供了新的發展經驗和建設理念」。[4]其實，每個國家發展道路的成敗，取決於它符合自己實際情況、依靠自己人民和實現自己人民需要的程度，而不是取決於歐美現代化模式的迷信般的教條照搬。帶有世界歷史運動規律性的成功經驗，存在於各國的具體實踐之中，也就是共性存在於個性之中。也許，中國特色社會主義的經驗在充分體現個性的同時具有一定的共性，以供其他國家學習和借鑑。但是，每個民族、每個國家都可以都應該根據自己的國情和民情來選擇並找到適合自己的發展道路，尤其是第三世界國家的發展，沒有一條現成的、天賜的、註定遍地鮮花美酒的道路。所有的經驗和教訓都歸

---

1 張維為：〈中國模式的幾點概括〉，《人民論壇》2008 年第 24 期。

2 黃平：〈「中國道路」的學術意義〉，《中國社會科學報》2009 年第 10 期。

3 張樹華：〈中國道路的政治優勢與思想價值〉，《紅旗文稿》2011 年第 1 期。

4 秦剛：〈中國特色社會主義道路的創新性及其國際意義〉，《當代世界與社會主義》2008 年第 4 期。

結為——走自己的路。世界各國的經驗，西方國家的經驗，都有自己的價值，都可以拿來研究一番。但是沒有任何經驗，比自己的經驗、包括自己成功的經驗和失敗的經驗更可寶貴。相信，每個民族、每個國家都可以立足本土探索出有自己特色的不同道路。

應該說，以上這些經驗可以為廣大發展中國家憑藉後發優勢儘快實現現代化提供有益的參考和借鑑。廣大發展中國家和中國的社會發展面臨的境況十分相似，這就決定了他們和中國一樣都面臨謀求本國經濟與社會迅速發展的艱巨任務。「面對發展，發展中國家的普遍困境在於如何在現代化初期有限的歷史條件下，同時解決累積性和共時性矛盾。」[1]中國特色社會主義道路的成功實踐，對廣大發展中國家來說，無疑是一個巨大的鼓舞。2014年5月在華訪問時，即將卸任的阿富汗總統卡爾紮伊接受採訪時流露出這樣的真情，他說：「如果阿富汗有機會重新選擇的話，一定會走中國式的發展道路。因為它行動高效，決策果斷，以結果為導向，是一個很好的模式，為所有人帶來積極的成果。」「中國在不到40年裡成為世界第二大經濟體，讓億萬人民脫離貧困，還促進教育普及和基礎設施的建設，對於阿富汗這樣渴望發展、擴大教育和建設基礎設施，同時失去30年發展時間的國家來說，這是最好的發展模式。」

---

1 賀欽：〈中國特色社會主義道路對發展中國家的啟示〉，《馬克思主義研究》2008年第2期。

五、中國特色社會主義道路為人類問題解決提供的中國智慧和中國方案

習近平總書記最早提出「中國智慧」「中國方案」，是 2014 年 3 月 28 日在德國科爾伯基金會的演講中。之後，習近平總書記在國際國內不同場合提到「中國智慧」或「中國方案」或二者一起講，達 20 次之多。黨的十九大報告提出：「中國特色社會主義道路、理論、制度、文化不斷發展，拓展了發展中國家走向現代化的途徑，給世界上那些既希望加快發展又希望保持自身獨立性的國家和民族提供了全新選擇，為解決人類問題貢獻了中國智慧和中國方案。」

（一）中國特色社會主義道路向人類展現的是一條追求文明進步的新路

新路是對照西方現代化的老路而言。西方老路充滿血腥和野蠻，中國特色社會主義新路是和平與鮮花。和平發展，在國內以科學發展、和諧發展貫穿中國特色社會主義道路全過程。在國際上，中國總是爭取和平的國際環境來發展自己，又以自己的發展來維護世界和平、促進共同發展，反對霸權主義和強權政治，永不稱霸；始終堅持與其他國家和民族互利共贏的開放戰略，遵循聯合國憲章和國際關係準則，在國際事務中弘揚民主、和睦、協作、共贏精神，宣導國與國之間政治上相互尊重、平等協商，經濟上相互合作、優勢互補，文化上相互借鑑、求同存異，安全上相互信任、加強幫助，協力推進。

中國的和平發展理念與實踐，與西方發達資本主義國家在損害

別的國家和民族利益的基礎上實現傳統現代化的情況截然不同。中國利用全球化平臺，在與當代世界其他國家的共同發展中，與當代世界各種文明的相互交流、相互借鑑、協調一致中，在競爭比較中取長補短、求同存異，來謀求自己的社會主義現代化。香港《亞洲時報在線》曾經在〈中國，世界經濟的靈丹妙藥〉一文中說：「一個正在崛起的中國將使整個世界而不僅中國自身受益」，「中國與全世界共同分享其進步，這與過去截然不同。歐洲以往向全球擴張，導致產生了幾十個殖民地，並讓歐洲以外成千上萬的人民痛苦不堪。過去，日本和德國的興起，引起了血腥戰爭，但發展中的中國卻為全世界提供了機遇」。

對於這條道路，習近平總書記有四句話的概括。他說，中國人民在中國共產黨領導下，走出了一條適合中國國情的發展道路，「這是一條從本國國情出發確立的道路，一條把人民利益放在首位的道路，一條改革創新的道路，一條在開放中謀求共同發展的道路。」[1]「四條道路」全面詮釋了中國這種內外兼修的和平發展方式，並「給人們指出了一條擺脫全球資本統治的破壞性進程的出路」。

中國特色社會主義道路的成功，標注了社會主義先進于資本主義，標注了社會主義在世界上將始終站得住。中國特色社會主義道路，必將引領和實現中華民族走向偉大復興中國夢；必將對世界社會主義運動釋放出更多更強大的「正能量」，以引領世界社會主義走向偉大復興；必將全面建設社會主義現代化強國，不斷創造美好生活、

---

1 習近平：〈共擔時代責任，共促全球發展〉（2017 年 1 月 17 日在世界經濟論壇 2017 年年會開幕式上的主旨演講），《人民日報》2017 年 1 月 18 日。

逐步實現全體人民共同富裕；必將使我國日益走近世界舞臺中央、不斷為人類做出更大貢獻。其實，「中國道路」170多年歷史演進，本身就是對世界文明的一次巨大貢獻。

（二）世界怎麼了、我們怎麼辦？——中國出智慧，中國出方案

「中國方案」需要「中國智慧」，「中國智慧」寓於「中國方案」。「對於什麼是「中國方案」，2017年1月18日，習近平主席在聯合國日內瓦總部的演講中是這樣定義的，「中國方案是：構建人類命運共同體，實現共贏共用。」[1]

在2017年達沃斯論壇上，來自世界各方的發言普遍談到一個非常共性的問題，就是：「當今世界充滿不確定性，人們對未來既寄予期待又感到困惑。世界怎麼了、我們怎麼辦？」[2]這說明不僅是中國在思考這個問題，整個世界都在思考這個問題。其實，中國早在2012年黨的十八大報告中就已經回答了這個問題，答案是「構建人類命運共同體」。[3]

但是，解決好這個問題，首先要弄清楚一個最基本的問題，就是我們從哪裡來、現在在哪裡、將到哪裡去？每個民族、每個國家都

---

1 習近平：〈共同構建人類命運共同體〉（2017年1月18日在聯合國日內瓦總部的演講），《人民日報》2017年1月20日。

2 習近平：〈共同構建人類命運共同體〉（2017年1月18日在聯合國日內瓦總部的演講），《人民日報》2017年1月20日。

3 習近平總書記主持起草的黨的十八大報告第一次提出：「合作共贏，就是要宣導人類命運共同體意識。」

要認真地反思從哪裡來、現在在哪裡,為什麼是這樣來的?為什麼會出現現在的問題?只有回答好了這兩個為什麼,才能進一步去思考將到哪裡去,否則,可能會離正確方向越來越遠。至於人類社會到底應該如何走向人類命運共同體?中國在不斷地貢獻「中國智慧」。2015年9月28日,習近平主席在第七十屆聯合國大會一般性辯論時,發表題為<攜手構建合作共贏新夥伴,同心打造人類命運共同體>的講話。在講話中,他從五方面闡述了應該如何同心打造人類命運共同體,即:建立平等相待、互商互諒的夥伴關係,營造公道正義、共建共用的安全格局,謀求開放創新、包容互惠的發展前景,促進和而不同、兼收並蓄的文明交流,構築尊崇自然、綠色發展的生態體系。2017年1月18日,習近平主席在聯合國日內瓦總部的演講從另一角度提出了「構建人類命運共同體,關鍵在行動。」[1]如何行動?「五個堅持」,即:「堅持對話協商,建設一個持久和平的世界」「堅持共建共用,建設一個普遍安全的世界」「堅持合作共贏,建設一個共同繁榮的世界」「堅持交流互鑑,建設一個開放包容的世界」「堅持綠色低碳,建設一個清潔美麗的世界」。[2]

2017年2月10日,「構建人類命運共同體」理念首次被寫入聯合國決議中,表明國際社會對這一理念的認同邁上了一個新的臺階。人類命運共同體思想之所以獲得廣泛關注和認同,在於其繼承了包括《聯合國憲章》宗旨在內的國際關係公認原則,不走零和博弈、贏者

---

1 習近平總書記主持起草的黨的十八大報告第一次提出:「合作共贏,就是要宣導人類命運共同體意識。」

2 同上。

通吃的歧路、老路，追求公正合理的國際秩序，為實現持久和平、擺脫安全困境、共用發展成果、打破文化隔閡、實現可持續發展，提供了一個各方都能接受的公道方案，具有時代的先進性。世界需要合作共贏、共同發展的新秩序，需要構建人類命運共同體。思想理念上的貢獻，是最大的貢獻。為世界提供新思想新理念的「中國時刻」到了，中國特色社會主義進入了新時代。

第五章

新時代中國特色社會主義道路「如此展開」

　　在新中國成立特別是改革開放以來尤其是黨的十八大以來的 5 年我國發展取得的歷史性成就基礎上，以及黨和國家事業發生的歷史性變革基礎上，中國特色社會主義進入了一個新時代。新時代，是對中國特色社會主義新的歷史方位的科學判斷。習近平總書記開啟的全面建設社會主義現代化強國的中國特色社會主義新時代，具有巨大而深遠的理論意義和現實意義。對黨和國家提出更多、更實、更高新要求和新任務的新時代，標注著中國特色社會主義道路將如何繼續向前發展，標注著在前進道路上需要解決新的主要矛盾，需要有新的理論做指導思想，需要調適原有戰略目標，需要調整原有戰略步驟，等等。中國特色社會主義新時代，作為一個新的歷史方位，其時間邊界是從黨的十八大到 2050 年，其開啟者是習近平總書記。

第一節　中國特色社會主義進入了一個新時代

習近平總書記在黨的十九大報告中莊嚴提出，中國特色社會主義進入了新時代。這是一個重大的政治判斷、理論判斷，是新時代中國特色社會主義思想形成和新的偉大目標確立的時代背景。

一、新時代標注中國特色社會主義發展新的時空座標

「中國特色社會主義進入新時代，意味著近代以來久經磨難的中華民族迎來了從站起來、富起來到強起來的偉大飛躍，迎來了實現中華民族偉大復興的光明前景；意味著科學社會主義在二十一世紀的中國煥發出強大生機活力，在世界上高高舉起了中國特色社會主義偉大旗幟；意味著中國特色社會主義道路、理論、制度、文化不斷發展，拓展了發展中國家走向現代化的途徑，給世界上那些既希望加快發展又希望保持自身獨立性的國家和民族提供了全新選擇，為解決人類問題貢獻了中國智慧和中國方案。」這「三個意味著」在時間與空間的座標上標注出新時代中國發展的歷史方位。在時間方位上，「富起來」了的中華民族踏上了在「強起來」的過程中實現偉大復興新征程；在空間方位上，當代中國將把握著世界發展大勢，以中國特色社會主義的強大生機活力之表現，在世界上高高舉起科學社會主義偉大旗幟，以與西方不一樣的現代化道路，給世界上那些既希望加快發展又希望保持自身獨立性的國家和民族提供全新選擇，為解決人類問題貢獻中

國智慧和中國方案。

二、新時代有著豐富的具體內涵

中國特色社會主義新時代不是抽象的而是有著非常豐富且具體的內涵。中國特色社會主義新時代,「是承前啟後、繼往開來、在新的歷史條件下繼續奪取中國特色社會主義偉大勝利的時代,是決勝全面建成小康社會、進而全面建設社會主義現代化強國的時代,是全國各族人民團結奮鬥、不斷創造美好生活、逐步實現全體人民共同富裕的時代,是全體中華兒女勠力同心、奮力實現中華民族偉大復興中國夢的時代,是我國日益走近世界舞臺中央、不斷為人類作出更大貢獻的時代。」這「五個是」的概括就是新時代的具體內涵。

中國特色社會主義新時代「是承前啟後、繼往開來、在新的歷史條件下繼續奪取中國特色社會主義偉大勝利的時代」。這是中國特色社會主義發展的歷史、現實和未來的有機一體的新時代。我們不能任意或隨意把構成中國特色社會主義一體的歷史、現實和未來割裂甚至對立起來。中國特色社會主義進入新時代,不是中國特色社會主義要發生轉折或方向性變化,而是中國特色社會主義道路、理論、制度、文化在新的歷史起點上的繼續深化和發展。

中國特色社會主義新時代「是決勝全面建成小康社會、進而全面建設社會主義現代化強國的時代,是全國各族人民團結奮鬥、不斷創造美好生活、逐步實現全體人民共同富裕的時代,是全體中華兒女勠力同心、奮力實現中華民族偉大復興中國夢的時代」。這是實現中國共產黨歷史使命的時代。習近平總書記在黨的十九大報告中提出,「中

國共產黨人的初心和使命,就是為中國人民謀幸福,為中華民族謀復興。」這「三個是」對新時代必須完成的歷史任務做出了明確規定。人民幸福關鍵一步就是全面建成小康社會,最終實現全體人民共同富裕和不斷創造美好生活;民族復興主要標誌就是全面建成社會主義現代化強國,就是實現中華民族偉大復興中國夢。

中國特色社會主義新時代「是我國日益走近世界舞臺中央、不斷為人類做出更大貢獻的時代」。這是中國特色社會主義道路為發展中國家提供一種全新的現代化道路的選擇、為人類問題的解決提供中國智慧和中國方案的時代。這就是中國在「強大起來」過程中帶給世界和全人類的主要貢獻。

三、中國特色社會主義新時代不是「橫空出世」

在時代發展問題上,時代轉換是相連相續的,沒有新舊之分,更不能把前後時代對立甚至割裂起來。馬克思早就說過,「人民自己創造自己的歷史,但是他們並不是隨心所欲地創造,並不是在他們自己所選定的條件下創造,而是在直接碰到的、既定的、從過去繼承下來的條件下創造。」時代的轉換更是如此。因此,中國特色社會主義新時代依然是社會主義初級階段的新時代。

中國特色社會主義新時代的轉換是基於新時代的社會主要矛盾出現新變化,即從「人民日益增長的物質文化需要同落後的社會生產之間的矛盾」轉化為「人民日益增長的美好生活需要和不平衡不充分的發展之間的矛盾」。一方面,中國人民的物質文化水準在改革開放以來的高速發展中一直在穩步提高,到 2016 年人均 GDP 已達 8200 多

美元，人民對物質文化需要的日益增長不僅僅表現在量上了，而是有了更多質的要求；甚至越來越由對「物質文化」量和質的「窄」需求轉向了對民主、自由、法治、公平、正義、安全、環境等更有品質的「廣」要求。人民日益增長的不僅僅是對「物質文化」的需要，已經提升到了對美好生活的需要。另一方面，改革開放以來，中國社會生產力突飛猛進，經濟增速年均達 9% 以上，對世界經濟貢獻率由 1978 年 2% 迅升為 2016 年 30% 多。中國現在的總體生產力已不可同日而語了，中國產品正在不斷成為世界精品，中國製造正在不斷成為世界創造，中國技術正在生成中國標準，中國人民幣正在成為世界貨幣，中國軍事技術和裝備正在形成自己的核心技術和優勢，中國經濟實力、科技實力、國防實力、綜合國力進入世界前列。昔日「落後的社會生產」已發展到了必須「摘帽」的時刻，隨之與人民對美好生活的需要相對應的，就是越來越先進的社會生產導致發展不平衡不充分問題日益嚴重且凸顯，並已成為滿足人民日益增長的美好生活需要的主要制約因素，如區域發展不平衡、城鄉發展不平衡、經濟結構與行業發展不平衡、收入分配不平衡、新技術研發和運用不平衡等，社會公平不充分、法治建設不充分、生態保護不充分、社會安全不充分、社會保障不充分、文化供給不充分等。正是這些不平衡不充分的發展，才給予了這個新時代中國發展新的空間和機遇。使不平衡發展平衡起來、不充分發展充分起來，不斷滿足人民日益增長的美好生活需要，是新時代需要面對和解決的社會主要矛盾，其能否解決且解決的程度如何，將對中國人民、中華民族的當前利益與根本利益產生全域性和歷史性影響。

中國特色社會主義新時代的轉換基於之前取得的歷史性成就和發

生的歷史性變革。新時代不是簡單的一個時代結束另一個時代開啟，而是在前時代成就基礎上的繼續發展。這是內涵式發展，而不是斷開式發展。如前所述，中國特色社會主義新時代，是在新中國成立特別是改革開放以來尤其是十八大以來的 5 年我國發展取得的歷史性成就基礎上，以及黨和國家事業發生的歷史性變革基礎上的新時代。

這些歷史性成就和歷史性變革，不是一般性的成績和變化，而是在中華民族發展史、中華人民共和國發展史、世界社會主義發展史、人類社會發展史能產生重大影響且具有深遠意義的。報告對近 5 年來的成就進行了全面總結，如，在經濟和科技創新上：經濟保持中高速增長，在世界主要國家中名列前茅，國內生產總值從 54 萬億元增長到 80 萬億元，穩居世界第二，對世界經濟增長貢獻率超過 30%；「一帶一路」建設、京津冀協同發展、長江經濟帶取得長足發展；天宮、蛟龍、天眼、悟空、墨子、大飛機等重大科技成果相繼問世；南海島礁建設積極推進。在全面深化改革上，推出 1500 多項改革舉措，重要領域和關鍵環節改革取得突破性進展，主要領域改革主體框架基本確立。在民生建設上，6000 多萬貧困人口穩定脫貧，每 3 秒鐘就有一個人脫貧，貧困發生率從 10.2% 下降到 4% 以下，城鄉居民收入增速超過經濟增速。在軍隊國防建設上，取得歷史性突破，形成軍委管總、戰區主戰、軍種主建新格局，人民軍隊組織架構和力量體系實現革命性重塑。在黨的建設上，我們的全面從嚴治黨取得明顯成效，反腐敗鬥爭壓倒性態勢已經形成並鞏固發展，選人用人狀況和風氣明顯好轉，黨內政治生態越來越清風氣正，這是最讓老百姓稱道的。在外交建設上，形成全方位、多層次、立體化的外交佈局，為我國發展營造了良好外部條件，我們提出的「一帶一路」倡議、人類命運共同體、共

商共建共享等理念都寫入聯合國文件，我國國際話語權日益提升。在推進黨和國家事業歷史性變革上，黨中央以巨大的政治勇氣和強烈的責任擔當，提出一系列新理念新思想新戰略，出臺一系列重大方針政策，推出一系列重大舉措，推進一系列重大工作，解決了許多長期想解決而沒有解決的難題，辦成了許多過去想辦而沒有辦成的大事。這些全方位、開創性的歷史性成就和深層次、根本性的歷史性變革，在發展階段上，無疑把中國特色社會主義推進到了一個新的歷史方位。

四、每個時代有每個時代需要解決的重大課題和書寫的歷史

　　作為一個時代，必然有其面臨的具有本時代特徵的歷史性重大課題需要解決。在中國共產黨歷史上，有三個重要的應運而生、前後相繼的時代，它們共同構建起中國共產黨一個完整的歷史。每個時代有每個時代的歷史需要書寫，解決重大課題的過程就是書寫歷史的過程。

　　鴉片戰爭後，中國在積貧積弱中逐步淪為半殖民地半封建社會，中國人民在反抗封建統治和外來侵略的激烈鬥爭中，歷史地選擇了馬克思列寧主義和中國共產黨。應時代而生的中國共產黨從此勇敢地擔負起了謀求民族獨立、人民解放和國家富強、人民幸福的偉大歷史責任，實現中華民族偉大復興成為近代以來中華民族最偉大的夢想。在實現偉大夢想過程中，中國共產黨圍繞「落後國家如何取得社會主義革命的勝利和如何建設社會主義」這一重大課題的解決，推翻了壓在中國人民頭上的帝國主義、封建主義、官僚資本主義三座大山，創立了毛澤東思想，建立了社會主義新中國和社會主義基本制度，取得社

會主義建設偉大成就，完成了中華民族有史以來最為廣泛而深刻的社會變革，為當代中國一切發展進步奠定了根本政治前提和制度基礎，實現了中國人民「站起來」了；書寫了中國結束屈辱史，結束半殖民地半封建黑暗歷史，開創社會主義新中國、探索和奠基社會主義初級階段社會主義的光輝歷史，其書寫的關鍵字是革命建國創業。接下來，中國共產黨圍繞「什麼是社會主義，怎樣建設社會主義」這一重大課題的解決，進行改革開放新的偉大革命，在走自己的路上，不斷破除阻礙國家和民族發展的一切思想和體制障礙，開創出一條中國特色社會主義道路，形成中國特色社會主義理論體系，建立中國特色社會主義制度，中國大踏步趕上時代，使中國人民「富起來」了；書寫了繼續在社會主義初級階段展開以經濟建設為中心的社會主義市場經濟建設中，開創、推進中國特色社會主義的光輝歷史，其書寫的關鍵詞是改革開放富國。

黨的十八大以來，進入新時代的中國共產黨圍繞「堅持和發展什麼樣的中國特色社會主義，怎樣堅持和發展中國特色社會主義」這個重大課題的解決，經過 5 年來的理論與實踐的良性互動，形成了習近平新時代中國特色社會主義思想，並且在它的指導下取得了改革開放和社會主義現代化建設的歷史性成就和歷史性變革。新時代已在且繼續書寫的是一部在堅持和發展中國特色社會主義道路上，全面堅持和落實貫徹習近平新時代中國特色社會主義思想，全面建成小康社會、實現中華民族偉大復興中國夢、全面實現社會主義現代化強國，使中國人民「強起來」的輝煌歷史；其書寫的關鍵字是全面深化改革、復興強國。

如果把中國特色社會主義偉大事業比作一篇大文章的話，毛澤東

同志領導中國共產黨時期寫下了中國特色社會主義的序篇，鄧小平同志領導中國共產黨時期寫下的是中國特色社會主義的開篇，江澤民同志和胡錦濤同志領導中國共產黨時期寫下的是中國特色社會主義的美麗續篇，進入新時代的習近平總書記將領導中國共產黨譜寫中國特色社會主義更加輝煌的嶄新篇章。

為了譜寫嶄新篇章，新時代需要新思想的指導也產生了習近平新時代中國特色社會主義思想，新時代需要調整戰略目標也確立了「實現全體人民共同富裕、全面建設富強民主文明和諧美麗的社會主義現代化強國、實現中華民族偉大復興中國夢」的新目標，新時代重新部署戰略步驟也規劃了「新兩步走」的新征程，新時代需要一個更加堅強有力、偉大的黨，也確立了新時代黨的建設總要求。黨的十九大把這些關鍵的、主要的內容都寫進了報告中。同時，報告還就我國社會主義經濟建設、政治建設、文化建設、社會建設、生態文明建設的統籌推進，對全面建成小康社會、全面深化改革、全面依法治國、全面從嚴治黨的協調推進，對軍隊國防、外交和「一國兩制」的全面推進，都做了詳細而周全的部署。

這就是我們已進入的中國特色社會主義新時代。這個新時代注定在中華人民共和國發展史上、中華民族發展史上產生重大意義，在世界社會主義發展史上、人類社會發展史上發生重大意義。

第二節　新時代新機遇、新問題、新挑戰

世界怎麼了？世界亂了；中國怎麼樣了？中國「風景這邊獨好」。

世界亂了，在於「西方之亂」；中國之好，在於「中國之治」。正如習近平主席在世界經濟論壇 2017 年年會開幕式上所講的，「這是最好的時代，也是最壞的時代。」在這個「既最好也最壞的時代」，中國特色社會主義新時代征程上，面臨的機遇可以說是前所未有的，但面臨的不確定性的風險與挑戰也可以說是前所未有的。同時，我們抓住機遇和迎接挑戰的信心和決心也是前所未有的。當今世界，哪個政黨、哪個國家、哪個民族最能夠自信，當然是中國共產黨、中華人民共和國、中華民族最有理由自信。這一點，我們必須理直氣壯。

一、新時代面臨發展新機遇

40 多年改革開放走出的中國特色社會主義道路給中國帶來的是，前所未有地接近中華民族偉大復興目標、前所未有地走近世界舞臺中央。一個「接近」、一個「走近」的底氣來自數十年特別是十八大以來近 5 年各方面建設取得的歷史性成就和發生的歷史性變革。歷史性成就是全方位的、開創性的，歷史性變革是深層次的、根本性的。「接近」和「走近」將給中國特色社會主義新時代新發展帶來重要戰略機遇期。捕捉和抓住機遇期，是在決勝全面建成小康社會基礎上繼續前進，進一步實現「新兩步」戰略目標的重要保障。

（一）國際發展大勢總體于我有利

2008 年國際金融危機以來，國際形勢已發生還正在發生深刻複雜變化。新興市場國家與發展中國家在經濟總量和對世界經濟增長的貢

獻已經超過了發達國家，新興市場國家和發展中國家對全球經濟增長的貢獻率已經達到 80%。單就中國而言，2016 年對世界經濟增長貢獻率超過 30% 之多，世界力量的東西對比和南北對比均已發生根本性變化。從時代主題上看，當年鄧小平同志判斷的和平與發展主題依然沒有變，並將長期延續下去。但是至今，和平問題，發展問題，一個也沒有解決好。不過，影響和平與發展的因素出現了較明顯變化，傳統安全與非傳統安全攪在一塊但更突出非傳統安全和地緣政治衝突，逆全球化趨勢越來越擴大，西方國家本土上民粹主義浪潮也越卷越烈，這些都在深刻地改變整個西方世界和國際社會的政治與社會生態。大家可能都感覺到，西方發達資本主義國家主導全球事務的能力與意願明顯在減退減弱。比如，在經濟上，西方國家還沒有擺脫金融危機的陰影和影響，金融危機導致的經濟危機致使西方可能出現長時期的低增長、低通脹、低需求、高失業、高債務、高泡沫混合交織的狀況。如此國際形勢給了中國無形福利，實際上是在給中國機會。中國作為世界上最大的發展中國家、最大的產品生產國、最大的消費市場國、最熱愛和平的國家，越來越被更多的國家所期待，越來越被更多的國家加入和想加入中國朋友圈。

（二）我國積蓄的發展勢能正在優質釋放

正如十九大報告所說，我國已由高速增長階段轉向高品質發展階段，新常態下經濟轉型和結構調整深化態勢不斷增強，中高端產業和新興產業代替中低端和傳統產業成為主要動力。增長動能由投資拉動型轉向消費驅動型、由工業主導型轉向服務業主導型、由數量擴張型

轉向創新驅動型、由資源消耗型轉向綠色低耗型。越來越多的中國產業正在邁向全球價值鏈中高端，若干世界級的先進製造業集群正在形成。科技進步對經濟增長的貢獻率由 2010 年的 50.9% 增加到 2015 年的 55.3%。高新技術產業占工業增加值的比重從 2011 年的 9.1% 逐步上升到 2016 年的 12.4%。城鄉居民收入增速超過經濟增速。在水利、鐵路、公路、水運、航空、管道、電網、資訊、物流等大型公共基礎設施網絡建設方面，不斷書寫著人類歷史上的新篇。管黨治黨建黨成效斐然，正如十九大期間，王岐山同志參加他所在的黨的十九大湖南省代表團討論時指出的，習近平總書記「從根本上扭轉黨的領導弱化、黨的建設缺失、從嚴治黨不力的狀況，真正體現出中國特色社會主義最本質的特徵，校正了黨和國家前進的航向」。進入新時代，可以自豪地說，中國積蓄的這些發展勢能，必定在中國共產黨領導一切的體制下，在已成型的國土空間格局和區域發展戰略格局上，在人民群眾對中國共產黨的越來越擁護和對中國政府的越來越信任中，以「聚變」的能量加快和推進中國特色社會主義事業。這是中國國內發展勢能情況。

那中國在世界經濟的勢能又有什麼體現？如學者賈晉京所說，中國正在成為世界經濟中的「組網者」。中國正在組的是一張什麼網？賈晉京認為，十八大之前，全球經濟都在「接入」美國這臺經濟網路中的唯一「伺服器」，其他國家和地區都得先與美國發生經濟聯繫，然後才能「接入」全球經濟網。十八大以來，隨著 APEC 北京峰會、二十國集團（G20）杭州峰會、「一帶一路」國際合作高峰論壇、金磚國家領導人廈門會晤四次重要會議的成功召開，使我國走近世界舞台中央，開始扮演「新的伺服器」角色。「一帶一路」倡議中的「六廊

六路多國多港」的藍圖，正在為世界連接起一個新興的國際市場之網，而人民幣的國際化進程以及我國貿易投資的雙向增長，則為這張網路注入著越來越多的商品流、資金流。

綜合國際國內帶給中國的機遇和有利發展條件，我們完全有信心：到 2035 年基本實現現代化，到本世紀中葉全面實現富強民主文明和諧美麗的社會主義現代化強國。

二、新時代面臨新問題新挑戰

新時代中國特色社會主義要按照既定戰略步驟完成既定戰略目標，面臨的挑戰不會比以前更少而只會更多更複雜更艱巨更嚴峻。正如十九大報告所言，在國際上，世界經濟復蘇乏力，局部衝突和動盪頻發，全球性問題不斷加劇。在國內，改革開放走過了 40 多年的歷程取得了重大成績，也積累了一系列深層次問題，出現了一系列短板和不足，特別是我國經濟發展進入新常態引發了一系列深刻變化。

（一）仍處在一個前所未有大變局中的國際形勢給新時代中國會帶來發展上的不確定性因素

首先，世界經濟發展出現許多的不確定性。2008 年金融危機以來，世界經濟長期低迷，貧富差距、南北差距問題更加突出。具體表現：一是全球增長動能不足，難以支撐世界經濟持續穩定增長。世界經濟增速 2017 年是 2010 年以來的最低水準，全球貿易增速繼續低於經濟增速。世界經濟正處在動能轉換的換擋期，傳統增長引擎對經濟

的拉動作用減弱，人工智慧、3D 打印等新技術雖然不斷湧現，但新的經濟增長點尚未形成，世界經濟仍然未能開闢出一條新路。二是全球經濟治理滯後，難以適應世界經濟新變化。國際經濟力量對比已經發生深刻演變，而全球治理體系未能跟上，代表性和包容性很不夠。三是全球發展失衡，難以滿足人們對美好生活的期待。技術的不斷革命將對整個世界產生極其廣泛而深遠的影響，包括會加劇不平等，特別是有可能擴大資本回報和勞動力回報的差距。全球最富有的 1% 人口擁有的財富量超過其餘 99% 人口財富的總和，收入分配不平等、發展空間不平衡令人擔憂。全球仍然有 7 億多人口生活在極端貧困之中。對很多家庭而言，擁有溫暖住房、充足食物、穩定工作還是一種奢望。這是當今世界面臨的最大挑戰，也是一些國家社會動盪的重要原因。

其次，國際政治格局出現許多新的不確定性。經濟危機正在且繼續與政治、民族、宗教、社會矛盾撞擊反射、相互滲透，進而使整個國際形勢變得山重水復，更為錯綜複雜。社會主義中國正在變得越來越強大，世界範圍朋友圈越來越大，這是西方敵對勢力最不想看到的。它們對中國進行遏制的戰略圖謀不會改變，而只會變本加厲，無論是在廣度上還是在深度上。作為一個深度參與經濟全球化的大國，中國越發展壯大，面臨的外部風險也就越多。新時代的未來一個很長時期是中國和世界關係深度磨合、調整適應的敏感時期，必然導致合作之中有競爭、競爭之中有合作的複雜形勢，而競爭必然包含著鬥爭。對此，我們必須強化憂患意識，做好鬥爭的思想準備。

（二）國內面臨的問題與挑戰

進入新時代的中國共產黨和中華人民共和國著手解決的社會主要矛盾發生了變化，但仍處於並將長期處於社會主義初級階段的基本國情沒有變。國內縱向比較，我國生產力水準得到空前發展；國際橫向比較，相對發達國家，我們在勞動生產率水準、創新能力和品質等方面仍然存在很大的追趕空間，特別是在人均收入、人民生活水準上的差距就更大。新時代的中國已進入了從主要解決「發展起來」的問題，到既要解決「發展起來」的「不平衡不充分」問題，又要解決「發展起來以後」的「人民日益增長的美好生活需要」問題的階段。這階段的任務比以前更艱巨更複雜，既要保證增量，還要提高存量，更要提升品質。具體講就是：發展不平衡不充分的一些突出問題尚未解決，發展品質和效益還不高，創新能力不夠強，實體經濟水準有待提高，生態環境保護任重道遠；民生領域還有不少短板，脫貧攻堅任務艱巨，城鄉區域發展和收入分配差距依然較大，群眾在就業、教育、醫療、居住、養老等方面面臨不少難題；社會文明水準尚需提高；社會矛盾和問題交織疊加，全面依法治國任務依然繁重，國家治理體系和治理能力有待加強；意識形態領域鬥爭依然複雜，國家安全面臨新情況；一些改革部署和重大政策措施需要進一步落實。這些既是問題也是挑戰，必須著力加以解決。

黨的建設方面還存在不少薄弱環節。儘管，黨的十八大以來通過5年來的全面從嚴治黨，成效卓著，特別是反腐敗鬥爭壓倒性態勢已經形成並鞏固發展。但是，與國內外形勢發展變化相比，與黨所承擔的歷史任務相比，黨的領導水準和執政水準、黨組織建設狀況和黨員

幹部素質、能力、作風都還有不小差距。特別是在新時代下加強和改進黨的建設依然面臨許多考驗和危險，落實黨要管黨、從嚴治黨的任務比以往任何時候都更為繁重更為緊迫。

對於新時代面臨的國際國內新問題新挑戰，習近平總書記一再強調，要密切地關注國際形勢的發展變化，把握世界大勢，統籌好國內國際兩個大局，立時代前進潮頭，把握主動、贏得發展。因為，人類文明進步歷程從來沒有平坦的大道可走，無論是決勝全面建成小康，還是全面實現社會主義現代化強國和中華民族偉大復興中國夢，中國特色社會主義道路都將在同困難鬥爭中不斷前進，甚至，前進道路上有些困難超乎我們的想像。對此，我們要有充分的思想準備，從最壞處著眼，做最充分的準備，朝好的方向努力，爭取最好的結果。

第三節　堅持中國特色社會主義道路自信，
　　　　堅定不移繼續走

中華民族是具有非凡創造力的民族，我們創造了偉大的中華文明，我們也能夠繼續拓展和走好適合中國國情的發展道路。全國各族人民一定要增強對中國特色社會主義道路自信，堅定不移沿著正確的中國道路奮勇前進。因為，中國特色社會主義道路是實現社會主義現代化強國的必由之路，是實現中華民族偉大復興中國夢的必由之路，是創造人民美好生活的必由之路，是為人類對更好社會制度的探索提供中國方案的必由之路，是社會主義救世界的必由之路。

一、道路自信來自科學社會主義的先進性

「社會主義」是一個已有 500 多年歷史的古老詞彙。它最初形態是「空想社會主義」。馬克思、恩格斯在積極投身階級鬥爭的實踐中，批判吸收英國古典政治經濟學和德國古典哲學的合理內核，綜合創立唯物史觀和剩餘價值理論。兩位偉人立于這兩大理論基石，對資本主義從裡到外、從現狀到未來進行了通透的批判與研究，對所有空想社會主義思想進行了批判式繼承，從而揭示和發現了人類社會發展的一般規律，指出了資本主義沒有未來，遲早要被社會主義和共產主義所替代，進而使社會主義由空想發展為科學。其科學性，一是體現在其內容上：資本主義必然滅亡、社會主義必然勝利，這是人類社會發展的客觀規律；無產階級是資產階級的掘墓人，無產階級政黨在無產階級革命和建設中起著領導作用；通過無產階級革命建立無產階級專政，在無產階級專政條件下大力發展生產力和進行社會主義建設，最後實現共產主義；對未來共產主義社會進行了原則性的描繪：社會生產力高度發達，實行計劃經濟，生產資料全民所有制，實行各盡所能、按需分配原則，國家最終消亡，每個人將獲得全面和自由的發展，等等。二是它把無產階級解放運動的性質、條件和一般目的完整統一起來。三是它把社會主義理論、運動和社會制度完整統一起來。

沒有科學理論指導，就不會有成功的革命運動。科學社會主義是集思想、運動和制度於一體的科學理論，理論科學決定其通過成功的革命、建設和改革所形成的中國特色社會主義道路的先進性。只要資本主義社會基本矛盾存在，無產階級和人類解放的任務就沒有完成，其作為運動過程就始終存在並最終會在世界範圍內取得成功。當社會

主義成為「世界性存在」，共產主義社會就到來了。因此，馬克思恩格斯所創立的既是科學真理又是先進制度的科學社會主義，是我們堅定和增強中國特色社會主義道路自信的最根本之源。

二、道路自信來自歷史和人民一致選擇的中國特色社會主義道路的合法性

在由「空想」而科學成為真理的社會主義指導下，俄國經無產階級「十月革命」勝利，完成了社會主義由理論到實踐的華麗轉身，建立了世界第一個社會主義國家蘇聯。近代以降，在西方列強欺凌下，中國逐步淪為半殖民半封建社會，求國家獨立和民族解放成了中國人民當時最為迫切的目標。為達目標，中國人民在各方志士仁人主張的五花八門的「主義」指導下，領導農民起義，搞洋務自強運動，推行維新變法，開啟新文化運動，直至爆發辛亥革命。雖然這一系列運動都歸於失敗，但這種不停的試錯、摸索為最終找到科學的「主義」和發展道路積累了經驗教訓。經過近一世紀的試錯，中國人民陷入一種迷茫摸索中已「窮途末路」之境。正在此時，「十月革命」一聲炮響，中國人民自覺地選擇馬克思列寧主義和隨之誕生的中國共產黨。這種歷史和人民高度一致的選擇必給中國社會帶來制度變革。從此，中國人民有了科學的「主義」做指導，有了堅強的政黨做領導，並堅信社會主義一定能在中國變理想為現實。經過大革命、土地革命戰爭、全民族抗日戰爭、全國解放戰爭，到 1949 年中華人民共和國成立，再到三年經濟恢復和社會主義三大改造完成，1956 年社會主義基本制度在中國確立。在此基礎上，中國共產黨領導全黨全國人民開始探索在經

濟文化落後國家建設有中國特色的社會主義的道路。

　　如果細數歷史，從第一次鴉片戰爭到社會主義基本制度確立的這個歷史過程表現出來很多偶然性，其實這些偶然性背後有其必然性。其中，歷史和人民高度一致地選擇馬克思主義、選擇中國共產黨是最大的必然性。因為，馬克思主義揭示出了人類歷史發展規律，指出社會主義必然戰勝資本主義，共產主義必然勝利；中國共產黨是馬克思主義政黨，是順應和能完成這一歷史任務的政治組織。正是有了歷史和人民一致的選擇，社會主義制度才必然在中國確立，中國才有資格探索社會主義建設道路。社會主義在中國完全具有歷史合法性。這裡的歷史合法性就是歷史和人民選擇的高度一致。歷史和人民選擇不一致，必將走向失敗。世界歷史上這樣的例子比比皆是，譬如，德國希特勒政府是經過了人民投票的選擇，但因違背了歷史發展規律而遭歷史和人民唾棄。因此，中國特色社會主義道路從開始探索就是歷史和人民一致選擇的結果，這是我們堅定和增強中國特色社會主義道路自信的合法性基礎。

三、道路自信來自中國特色社會主義道路的合「理」性

　　在歷史和人民選擇一致的內在規制作用下，中國特色社會主義雖在全面建設時期走過一段時間不短的曲折道路，但很快就被黨和人民所意識所糾正，經撥亂反正，啟改革開放，開闢了中國特色社會主義道路，形成了中國特色社會主義理論體系，確立了中國特色社會主義制度。

　　在解決中國這樣一個十幾億人口的落後國家建設什麼樣的社會主

義、怎樣建設社會主義，建設什麼樣的黨、怎樣建設黨，實現什麼樣的發展、怎樣發展的歷史進程中形成的中國特色社會主義道路，既順時代潮流，又合中國國情；既能保持黨和國家活力、調動廣大人民群眾和社會各方面的積極性、主動性、創造性，又能解放和發展社會生產力、推動經濟社會全面發展；既能維護和促進社會公平正義、實現全體人民共同富裕，還能集中力量辦大事、有效應對前進道路上的各種風險挑戰，在維護民族團結、社會穩定、國家統一等方面越來越體現出社會主義優越性和先進性。表現出來的這些作用和效果無與倫比，令西方制度黯然失色。

中國特色社會主義道路就是科學社會主義在中國的具體體現，這種體現符合人類社會主義發展之規律和科學社會主義之真理；是科學社會主義理論邏輯和中國社會發展實踐邏輯的辯證統一和完美結合的表現，這種辯證統一和完美結合符合最廣大人民群眾的最大和最根本利益，符合中國歷史之傳承，符合利用吸收發達資本主義、前社會主義國家和其他發展中國家發展中的先進東西和經驗教訓之理，符合中華民族偉大復興中國夢實現之目標。這就是我們堅定和增強道路自信的合「理」性基礎。

正是社會主義的科學性和先進性，中國特色社會主義道路在中國的合法性以及合「理」性，才使這樣一個異常複雜於西方任何一個國家的中國在發展中保持著持久而巨大的社會凝聚力、保持著持久而超穩定的社會結構，保證著中國持久而充滿活力經濟社會發展速度，保證著中國人民生活水準的不斷提高和國家綜合國力的不斷提升。中國共產黨自成立以來，就堅定著對社會主義思想的信仰和對社會主義道路的自信。正是基於這份自信，我們黨歷經艱難險阻成功走出了一條

震驚世人的革命、建設和改革開放的中國道路。儘管目前發展中還存在這樣那樣的問題與矛盾，但這絲毫不影響我們對中國特色社會主義道路自信。只要我們堅定和增強道路自信，勝利一定屬於我們。

第四節　堅持中國特色社會主義道路自覺，與時俱進拓展

新時代開端於黨的十八大。自此以來，以習近平同志為核心的黨中央抓住世界發展大勢，立足國情黨情，準確判斷社會主義初級階段社會主要矛盾的變化，在積極推進中國特色社會主義道路的實踐與理論的交互結合中，提出了許多新理念新思想新戰略新舉措，與時俱進地拓寬了中國特色社會主義道路的內涵。黨的十九大報告對經過 5 年實踐操作的這些新理念新思想新戰略新舉措上升到理論層面，即習近平新時代中國特色社會主義思想和基本方略。十四條基本方略就是習近平新時代中國特色社會主義思想指導中國特色社會主義實踐的具體行動。一定意義上講，就是新時代中國特色社會主義道路怎樣走的頂層設計。

一、建設偉大工程，為新時代中國特色社會主義道路新發展提供了堅強的領導和政治保證

中國共產黨是中國特色社會主義事業的領導核心，黨的領導是中國特色社會主義最本質的特徵，是做好黨和國家各項工作的根本保證。

中國共產黨是中國最大的政治力量，黨政軍民學，東西南北中，黨是領導一切的。當然，中國特色社會主義道路的前進方向、前進速度乃至前進的平衡度都靠黨這個「火車頭」。

改革開放以來，面對長期性和複雜性的執政考驗、改革開放考驗、市場經濟考驗、外部環境考驗，中國共產黨內部問題不少，出現嚴重、嚴峻且尖銳的精神懈怠危險、能力不足危險、脫離群眾危險、消極腐敗危險，進而如習近平總書記在十九大報告中所說的，黨內的突出問題成為「黨和國家內部存在的嚴重隱患」。

黨的十八大以來，中央重拳出擊，把管黨治黨建黨放在工作首位，提出要堅決改變管黨治黨寬鬆軟狀況，全面加強黨的領導和黨的建設。為此，中央出臺一系列管黨治黨建黨的重大政策和舉措，成效非常顯著。如：出臺中央八項規定，嚴厲整治形式主義、官僚主義、享樂主義和奢靡之風，堅決反對特權；堅持照鏡子、正衣冠、洗洗澡、治治病的要求，開展黨的群眾路線教育實踐活動和「三嚴三實」專題教育，推進「兩學一做」學習教育常態化制度化，全黨理想信念更加堅定、黨性更加堅強；推動全黨尊崇黨章，增強政治意識、大局意識、核心意識、看齊意識，堅決維護黨中央權威和集中統一領導，嚴明黨的政治紀律和政治規矩，層層落實管黨治黨政治責任；把紀律挺在前面，著力解決人民群眾反映最強烈、對黨的執政基礎威脅最大的突出問題；貫徹新時期好幹部標準；黨的建設制度改革深入推進，黨內法規制度體系不斷完善；實現中央和省級黨委巡視全覆蓋；堅持反腐敗無禁區、全覆蓋、零容忍，堅定不移「打虎」「拍蠅」「獵狐」，等等。5年來，這些新舉措取得了很好的效果，選人用人狀況和風氣明顯好轉，巡視利劍作用彰顯，不敢腐的目標初步實現，不能腐的籠

子越紮越牢，不想腐的堤壩正在構築，反腐敗鬥爭壓倒性態勢已經形成並鞏固發展。總之，黨內政治生活氣象更新，黨內政治生態明顯好轉，黨的創造力、凝聚力、戰鬥力顯著增強，黨的團結統一更加鞏固，黨群關係明顯改善，黨在革命性鍛造中更加堅強，煥發出新的強大生機活力。全黨對中央、全國對黨的認同度越來越高，中國政壇迎來了一股幹部清正、政府清廉、政治清明的清風。

在 5 年來的成就基礎上，為適應新時代完成新目標，把黨建設成為始終走在時代前列、人民衷心擁護、勇於自我革命、經得起各種風浪考驗、朝氣蓬勃的馬克思主義執政黨，黨的十九大制定了新時代黨的建設總要求，特別強調：堅持和加強黨的全面領導，堅持黨要管黨、全面從嚴治黨，以加強黨的長期執政能力建設、先進性和純潔性建設為主線，以黨的政治建設為統領，以堅定理想信念宗旨為根基，以調動全黨積極性、主動性、創造性為著力點，全面推進黨的政治建設、思想建設、組織建設、作風建設、紀律建設，把制度建設貫穿其中，深入推進反腐敗鬥爭，不斷提高黨的建設品質。

二、以人民為中心，保障和改善民生，並以制度保障人民當家作主，更好地解決新時代中國特色社會主義道路「依靠誰、為了誰」的問題

人民是歷史的創造者，是決定黨和國家前途命運的根本力量。以人民為中心，是十八大以來以習近平同志為核心的黨中央施政綱領的靈魂、紅線。十八大報告把「堅持人民主體地位」放在黨的基本要求的首位。2012 年 11 月 17 日，中央政治局第一次集體學習時，習近平

總書記提出，中國特色社會主義道路，既堅持四項基本原則，又堅持改革開放；既不斷解放和發展社會生產力，又逐步實現全體人民共同富裕、促進人的全面發展。5 年來，黨中央把人民對美好生活的嚮往作為奮鬥目標，把群眾路線貫徹到治國理政全部活動之中，把保障和改善民生作為重要抓手。為如期全面建成小康社會，提出「精准扶貧、精准脫貧」，一大批惠民舉措落地實施，人民獲得感顯著增強；脫貧攻堅戰取得決定性進展，6000 多萬貧困人口穩定脫貧，貧困發生率從 10.2% 下降到 4% 以下；城鄉居民收入增速超過經濟增速，中等收入群體持續擴大。

黨的十九大報告明確提出，新時代要進一步健全人民當家作主制度體系，用制度體系保證人民當家作主，保證人民當家作主落實到國家政治生活和社會生活之中；要多謀民生之利、多解民生之憂，在發展中補齊民生短板、促進社會公平正義，在幼有所育、學有所教、勞有所得、病有所醫、老有所養、住有所居、弱有所扶上不斷取得新進展；要深入開展脫貧攻堅，保證全體人民在共建共用發展中有更多獲得感，不斷促進人的全面發展、全體人民共同富裕；要加強和創新社會治理，建設平安中國。

三、全面深化改革，樹立和善於貫徹新發展理念，以更科學手段拓展新時代中國特色社會主義道路

只有改革開放才能發展中國、發展社會主義、發展馬克思主義，這已經被改革開放 40 多年成就所證明，成了一條基本經驗。十八大以前，已經把容易的、皆大歡喜的改革完成了，好吃的肉都吃掉了，接

下來的都是難啃的硬骨頭。十八大以來，以習近平同志為核心的黨中央以強烈的歷史使命感，蹄疾步穩推動全面深化改革，堅持和完善中國特色社會主義制度，不斷推進國家治理體系和治理能力現代化。5年來，改革全面發力、多點突破、縱深推進，著力增強改革系統性、整體性、協同性，壓茬拓展改革廣度和深度，推出 1500 多項改革舉措，重要領域和關鍵環節改革取得突破性進展，主要領域改革主體框架基本確立。中國特色社會主義制度更加完善，國家治理體系和治理能力現代化水準明顯提高，全社會發展活力和創新活力明顯增強。在此基礎上，十九大報告進一步提出，要通過全面深化改革，最大限度集中全黨全社會智慧，最大限度調動一切積極因素，敢於啃硬骨頭，敢於涉險灘，以更大決心衝破思想觀念的束縛、破除各方面體制機制弊端、突破利益固化的藩籬，構建系統完備、科學規範、運行有效的制度體系，推動中國特色社會主義的自我完善和發展。發展是解決我國一切問題的基礎和關鍵。十八大以來，黨中央科學判斷我國經濟發展進入新常態，在認識新常態、適應新常態、引領新常態中推進供給側結構性改革，在改革中提出創新、協調、綠色、開放、共用的新發展理念，並要求把新發展理念貫徹到全部工作中。5年來，新發展理念基本上已落地生根、變成一種普遍的實踐，特別是在各級領導幹部中逐步成為一種常識和自覺行動，幹部群眾也在5年來的實踐成就和變化中確實感受到新發展理念帶來的真理力量。十九大報告進一步提出，要在堅定不移貫徹新發展理念的同時，要善於貫徹新發展理念，用新發展理念不斷開創發展新局面。

四、全面依法治國和堅持社會主義核心價值體系，為新時代中國特色社會主義道路提供法制和思想保障

　　全面依法治國是中國特色社會主義的本質要求和重要保障。國家治理體系和治理能力現代化，是建設社會主義現代化強國的題中應有之義。十八大以來，黨中央特別重視這個問題，十八屆三中全會把建設國家治理體系和治理能力現代化列為全面深化改革的總任務，四中全會主題就是全面依法治國。5年來，法治國家、法治政府、法治社會建設相互促進、有序推進，中國特色社會主義法治體系日益完善，全社會法治觀念明顯增強；國家監察體制改革試點取得實效，行政體制改革、司法體制改革、權力運行制約和監督體系建設有效實施。十九大報告提出，新時代要把黨的領導貫徹落實到依法治國全過程和各方面，堅定不移走中國特色社會主義法治道路，完善以憲法為核心的中國特色社會主義法律體系，建設中國特色社會主義法治體系，建設社會主義法治國家，發展中國特色社會主義法治理論，堅持依法治國、依法執政、依法行政共同推進，堅持法治國家、法治政府、法治社會一體建設，堅持依法治國和以德治國相結合，依法治國和依規治黨有機統一，深化司法體制改革，提高全民族法治素養和道德素質。

　　堅持依法治國和以德治國相結合的以德治國，關鍵在堅持社會主義核心價值體系。要實現社會的公平與和諧，我們需依法治國，對社會的行為進行規範。同時，我們也需要用社會主義核心價值體系，去引導人民追求誠信與美善，追求德行上的修行。十八大以來，特別注重意識形態建設，把意識形態工作作為黨的一項極端重要的工作來抓。通過努力，5年來，馬克思主義在意識形態領域的指導地位更加鮮明，

中國特色社會主義和中國夢深入人心，社會主義核心價值觀和中華優秀傳統文化廣泛弘揚，群眾性精神文明創建活動扎實開展，全黨全社會思想上的團結統一更加鞏固。十九大報告提出，新時代要進一步堅持馬克思主義，牢固樹立共產主義遠大理想和中國特色社會主義共同理想，培育和踐行社會主義核心價值觀，不斷增強意識形態領域主導權和話語權，推動中華優秀傳統文化創造性轉化、創新性發展，繼承革命文化，發展社會主義先進文化，不忘本來、吸收外來、面向未來，更好構築中國精神、中國價值、中國力量，為人民提供精神指引。

五、堅持人與自然和諧共生，建設社會主義生態文明，打造新時代中國特色社會主義道路持續發展的生態基礎

建設生態文明是中華民族永續發展的千年大計。走向生態文明新時代，建設美麗中國，是實現中華民族偉大復興的中國夢的重要內容。十八大報告明確提出，要努力走向社會主義生態文明新時代。2013 年 5 月 24 日中央政治局專門就生態環境保護和努力走向社會主義生態文明新時代進行了集體學習。十八大以來，全黨全國人民貫徹綠色發展理念的自覺性和主動性顯著增強，忽視生態環境保護的狀況明顯改變，而且我國在全球生態文明建設中成為一名重要參與者、貢獻者、引領者。十九大報告提出，要進一步樹立和踐行綠水青山就是金山銀山的理念，堅持節約資源和保護環境的基本國策，像對待生命一樣對待生態環境，統籌山水林田湖草系統治理，實行最嚴格的生態環境保護制度，形成綠色發展方式和生活方式，堅定走生產發展、生活富

裕、生態良好的文明發展道路，建設美麗中國，為人民創造良好生產生活環境，為全球生態安全做出貢獻。

六、堅持總體國家安全觀和黨對軍隊的絕對領導，為推進新時代中國特色社會主義道路提供更為安全的環境和條件

歷史和當下現實都充分證明，在弱肉強食的世界，國家安全是一切發展的基礎。十八大以來，總體國家安全觀在人民群眾的認識中不斷深化，國家在總體安全上也取得一定成效，但仍有距離。老百姓對各種安全不滿意的地方很多，國家利益尤其是海外利益的安全度遠不夠。十九大報告提出，必須堅持國家利益至上，以人民安全為宗旨，以政治安全為根本，統籌外部安全和內部安全、國土安全和國民安全、傳統安全和非傳統安全、自身安全和共同安全，完善國家安全制度體系，加強國家安全能力建設，堅決維護國家主權、安全、發展利益。

建設一支聽黨指揮、能打勝仗、作風優良的人民軍隊，是實現「兩個一百年」奮鬥目標、實現中華民族偉大復興的戰略支撐。十八大以來，經過從嚴治軍，人民軍隊政治生態得到有效治理；通過國防和軍隊改革，形成軍委管總、戰區主戰、軍種主建新格局，人民軍隊組織架構和力量體系實現革命性重塑和歷史性突破。十九大報告提出，要進一步全面貫徹黨領導人民軍隊的一系列根本原則和制度，確立新時代黨的強軍思想在國防和軍隊建設中的指導地位，堅持政治建軍、改革強軍、科技興軍、依法治軍，更加注重聚焦實戰，更加注重

創新驅動，更加注重體系建設，更加注重集約高效，更加注重軍民融合，實現黨在新時代的強軍目標。

七、「一國兩制」下的國家完全統一和人類命運共同體構建，是新時代中國特色社會主義道路的宏偉藍圖

　　保持香港、澳門長期繁榮穩定，實現祖國完全統一，是實現中華民族偉大復興的必然要求。十八大以來，全面準確貫徹「一國兩制」方針，牢牢掌握憲法和基本法賦予的中央對香港、澳門全面管治權，不斷深化內地和港澳地區交流合作，香港、澳門保持著繁榮穩定。在臺灣問題上，始終堅持一個中國原則和「九二共識」，努力推動兩岸關係和平發展，加強兩岸經濟文化交流合作，實現兩岸領導人歷史性會晤；妥善應對臺灣局勢變化，堅決反對和遏制「臺獨」分裂勢力，有力維護了臺海和平穩定。十九大報告提出，必須把維護中央對香港、澳門特別行政區全面管治權和保障特別行政區高度自治權有機結合起來，確保「一國兩制」方針不會變、不動搖，確保「一國兩制」實踐不變形、不走樣。必須堅持一個中國原則，堅持「九二共識」，推動兩岸關係和平發展，深化兩岸經濟合作和文化往來，推動兩岸同胞共同反對一切分裂國家的活動，共同為實現中華民族偉大復興而奮鬥。

　　發展需要良好外部環境，中國特色社會主義道路具有世界意義。十八大以來，通過實施共建「一帶一路」倡議，發起創辦亞洲基礎設施投資銀行，設立絲路基金，舉辦首屆「一帶一路」國際合作高峰論壇、亞太經合組織領導人非正式會議、二十國集團領導人杭州峰會、

金磚國家領導人廈門會晤、亞信峰會，已經形成全方位、多層次、立體化的外交佈局，這為我國新時代中國特色社會主義發展營造了良好外部條件。在此過程中，我們宣導的構建人類命運共同體也得到越來越多的國家的回應，並且寫入聯合國文件當中。這標誌著我國國際影響力、感召力、塑造力以及話語權得到進一步提高。十九大報告提出，今後還必須統籌國內國際兩個大局，始終不渝走和平發展道路、奉行互利共贏的開放戰略，堅持正確義利觀，樹立共同、綜合、合作、可持續的新安全觀，謀求開放創新、包容互惠的發展前景，促進和而不同、兼收並蓄的文明交流，構築尊崇自然、綠色發展的生態體系，始終做世界和平的建設者、全球發展的貢獻者、國際秩序的維護者。

相信，中國人民、中華民族的寬大胸懷和中華文化的包容性，一國之內一定能實現兩制，完成祖國完全統一。同時，在此基礎上，我們宣導的人類命運共同體，也一定能夠在以德行和事實服人服他國的進程中不斷向前健康發展。

八、「新兩步走」發展戰略，明確新時代中國特色社會主義道路的戰略目標和戰略步驟

中國特色社會主義道路就是全面建設社會主義現代化強國之路。這條道路既符合中國社會現實和社會發展客觀規律，又充分利用世界歷史發展提供的選擇空間，同時對人類歷史提出的新的發展方向作出正確抉擇。改革開放前 30 年在走現代化道路中出現的曲折充分表明了現代化道路的探索不是一蹴而就的，探索改革開放後走上正確道路積

累了的經驗與教訓，否則，中國共產黨對社會主義現代化建設規律的認識可能還要多摸索一段時間。因為，「對於建設社會主義的規律的認識，必須有一個過程。必須從實踐出發，從沒有經驗到有經驗，從有較少的經驗，到有較多的經驗，從建設社會主義這個未被認識的必然王國，到逐步地克服盲目性、認識客觀規律、從而獲得自由，在認識上出現一個飛躍，到達自由王國。」鄧小平同志開創的中國特色社會主義道路就是這樣一步步走出來的。截至今日，我黨對這條「適合中國的情況」的「中國式的現代化道路」的認識更進一步了。

立足於改革開放以來特別是十八大以來所取得的歷史性成就和歷史性變革上，黨的十九大對中國特色社會主義道路的戰略目標和戰略步驟進行了調整。在戰略目標上，由建設社會主義現代化國家提升為全面建設社會主義現代化強國。在目標內涵上，由富強民主文明和諧擴展到富強民主文明和諧美麗，這既是「全面」的體現，更是「強」的表現。在實現目標的時間上，把鄧小平同志的第三步走目標提前了15年。在戰略步驟上，重新規劃了新兩步走（簡稱「新兩步走」發展戰略），即從 2020 年到 2035 年，在全面建成小康社會的基礎上，再奮鬥 15 年，基本實現社會主義現代化；從 2035 年到本世紀中葉，在基本實現現代化的基礎上，再奮鬥 15 年，把我國建成富強民主文明和諧美麗的社會主義現代化強國。

結語

新時代中國特色社會主義道路承載著雙重使命：復興中華和改變世界

　　歷史和現實充分證明，無論是封閉僵化的老路，還是改旗易幟的邪路，都是絕路、死路。只有中國特色社會主義道路才能發展中國、穩定中國，這是一條通往復興夢想的康莊大道、人間正道。中華民族是具有非凡創造力的民族，我們創造了偉大的中華文明，我們也能夠繼續拓展和走好適合中國國情的發展道路。

　　中國特色社會主義進入新時代，全黨全國各族人民緊密團結在以習近平同志為核心的黨中央周圍，全面貫徹落實習近平新時代中國特色社會主義思想，統籌推進「五位一體」總體佈局，協調推進「四個全面」戰略佈局，增強對中國特色社會主義的道路自信、理論自信、制度自信、文化自信，堅定不移沿著中國特色社會主義道路，一定會

如期全面建成小康社會、實現中華民族偉大復興中國夢、實現全面建設社會主義現代化強國。

同時，如前所述，中國特色社會主義道路帶來的不僅是 GDP 的高速增長，而且在中國古老的大地上探索出了一種新的發展方式、新的存在方式。中國特色社會主義道路的世界歷史意義，就在於以這種「新的發展方式、新的存在方式」為人類追求文明進步開闢一條新路，為人類探索出一種新的發展路徑。

中國特色社會主義道路已經從「地域性現象」走向了「世界歷史性存在」。中國開始改變世界，這是趨勢、方向、潮流，沒有任何人、任何國家、任何一種政治力量能夠改變這種趨勢、方向與潮流，「世界潮流浩浩蕩蕩，順之者昌，逆之者亡」。

中國特色社會主義道路猶如中國「復興」號高鐵，不僅在中國國土上疾速行駛，而且開始駛向世界。

附錄

決勝全面建成小康社會奪取新時代
中國特色社會主義偉大勝利

——在中國共產黨第十九次全國代表大會上的報告

（2017 年 10 月 18 日）習近平

同志們：

現在，我代表第十八屆中央委員會向大會作報告。中國共產黨第十九次全國代表大會，是在全面建成小康社會決勝階段、中國特色社會主義進入新時代的關鍵時期召開的一次十分重要的大會。

大會的主題是：不忘初心，牢記使命，高舉中國特色社會主義偉大旗幟，決勝全面建成小康社會，奪取新時代中國特色社會主義偉大勝利，為實現中華民族偉大復興的中國夢不懈奮鬥。

不忘初心，方得始終。中國共產黨人的初心和使命，就是為中國人民謀幸福，為中華民族謀復興。這個初心和使命是激勵中國共產黨人不斷前進的根本動力。全黨同志一定要永遠與人民同呼吸、共命運、心連心，永遠把人民對美好生活的嚮往作為奮鬥目標，以永不懈

怠的精神狀態和一往無前的奮鬥姿態，繼續朝著實現中華民族偉大復興的宏偉目標奮勇前進。

當前，國內外形勢正在發生深刻複雜變化，我國發展仍處於重要戰略機遇期，前景十分光明，挑戰也十分嚴峻。全黨同志一定要登高望遠、居安思危，勇於變革、勇於創新，永不僵化、永不停滯，團結帶領全國各族人民決勝全面建成小康社會，奮力奪取新時代中國特色社會主義偉大勝利。

一、過去五年的工作和歷史性變革

十八大以來的五年，是黨和國家發展進程中極不平凡的五年。面對世界經濟復蘇乏力、局部衝突和動盪頻發、全球性問題加劇的外部環境，面對我國經濟發展進入新常態等一系列深刻變化，我們堅持穩中求進工作總基調，迎難而上，開拓進取，取得了改革開放和社會主義現代化建設的歷史性成就。

為貫徹十八大精神，黨中央召開七次全會，分別就政府機構改革和職能轉變、全面深化改革、全面推進依法治國、制定「十三五」規劃、全面從嚴治黨等重大問題作出決定和部署。五年來，我們統籌推進「五位一體」總體佈局、協調推進「四個全面」戰略佈局，「十二五」規劃勝利完成，「十三五」規劃順利實施，黨和國家事業全面開創新局面。

經濟建設取得重大成就。堅定不移貫徹新發展理念，堅決端正發展觀念、轉變發展方式，發展品質和效益不斷提升。經濟保持中高速增長，在世界主要國家中名列前茅，國內生產總值從五十四萬億元增

長到八十萬億元，穩居世界第二，對世界經濟增長貢獻率超過百分之三十。供給側結構性改革深入推進，經濟結構不斷優化，數位經濟等新興產業蓬勃發展，高鐵、公路、橋樑、港口、機場等基礎設施建設快速推進。農業現代化穩步推進，糧食生產能力達到一萬二千億斤。城鎮化率年均提高一點二個百分點，八千多萬農業轉移人口成為城鎮居民。區域發展協調性增強，「一帶一路」建設、京津冀協同發展、長江經濟帶發展成效顯著。創新驅動發展戰略大力實施，創新型國家建設成果豐碩，天宮、蛟龍、天眼、悟空、墨子、大飛機等重大科技成果相繼問世。南海島礁建設積極推進。開放型經濟新體制逐步健全，對外貿易、對外投資、外匯儲備穩居世界前列。

全面深化改革取得重大突破。蹄疾步穩推進全面深化改革，堅決破除各方面體制機制弊端。改革全面發力、多點突破、縱深推進，著力增強改革系統性、整體性、協同性，壓茬拓展改革廣度和深度，推出一千五百多項改革舉措，重要領域和關鍵環節改革取得突破性進展，主要領域改革主體框架基本確立。中國特色社會主義制度更加完善，國家治理體系和治理能力現代化水準明顯提高，全社會發展活力和創新活力明顯增強。

民主法治建設邁出重大步伐。積極發展社會主義民主政治，推進全面依法治國，黨的領導、人民當家作主、依法治國有機統一的制度建設全面加強，黨的領導體制機制不斷完善，社會主義民主不斷發展，黨內民主更加廣泛，社會主義協商民主全面展開，愛國統一戰線鞏固發展，民族宗教工作創新推進。科學立法、嚴格執法、公正司法、全民守法深入推進，法治國家、法治政府、法治社會建設相互促進，中國特色社會主義法治體系日益完善，全社會法治觀念明顯增強。

國家監察體制改革試點取得實效，行政體制改革、司法體制改革、權力運行制約和監督體系建設有效實施。

思想文化建設取得重大進展。加強黨對意識形態工作的領導，黨的理論創新全面推進，馬克思主義在意識形態領域的指導地位更加鮮明，中國特色社會主義和中國夢深入人心，社會主義核心價值觀和中華優秀傳統文化廣泛弘揚，群眾性精神文明創建活動扎實開展。公共文化服務水準不斷提高，文藝創作持續繁榮，文化事業和文化產業蓬勃發展，互聯網建設管理運用不斷完善，全民健身和競技體育全面發展。主旋律更加響亮，正能量更加強勁，文化自信得到彰顯，國家文化軟實力和中華文化影響力大幅提升，全黨全社會思想上的團結統一更加鞏固。

人民生活不斷改善。深入貫徹以人民為中心的發展思想，一大批惠民舉措落地實施，人民獲得感顯著增強。脫貧攻堅戰取得決定性進展，六千多萬貧困人口穩定脫貧，貧困發生率從百分之十點二下降到百分之四以下。教育事業全面發展，中西部和農村教育明顯加強。就業狀況持續改善，城鎮新增就業年均一千三百萬人以上。城鄉居民收入增速超過經濟增速，中等收入群體持續擴大。覆蓋城鄉居民的社會保障體系基本建立，人民健康和醫療衛生水準大幅提高，保障性住房建設穩步推進。社會治理體系更加完善，社會大局保持穩定，國家安全全面加強。

生態文明建設成效顯著。大力度推進生態文明建設，全黨全國貫徹綠色發展理念的自覺性和主動性顯著增強，忽視生態環境保護的狀況明顯改變。生態文明制度體系加快形成，主體功能區制度逐步健全，國家公園體制試點積極推進。全面節約資源有效推進，能源資源消耗

強度大幅下降。重大生態保護和修復工程進展順利，森林覆蓋率持續提高。生態環境治理明顯加強，環境狀況得到改善。引導應對氣候變化國際合作，成為全球生態文明建設的重要參與者、貢獻者、引領者。

強軍興軍開創新局面。著眼于實現中國夢強軍夢，制定新形勢下軍事戰略方針，全力推進國防和軍隊現代化。召開古田全軍政治工作會議，恢復和發揚我黨我軍光榮傳統和優良作風，人民軍隊政治生態得到有效治理。國防和軍隊改革取得歷史性突破，形成軍委管總、戰區主戰、軍種主建新格局，人民軍隊組織架構和力量體系實現革命性重塑。加強練兵備戰，有效遂行海上維權、反恐維穩、搶險救災、國際維和、亞丁灣護航、人道主義救援等重大任務，武器裝備加快發展，軍事鬥爭準備取得重大進展。人民軍隊在中國特色強軍之路上邁出堅定步伐。

港澳臺工作取得新進展。全面準確貫徹「一國兩制」方針，牢牢掌握憲法和基本法賦予的中央對香港、澳門全面管治權，深化內地和港澳地區交流合作，保持香港、澳門繁榮穩定。堅持一個中國原則和「九二共識」，推動兩岸關係和平發展，加強兩岸經濟文化交流合作，實現兩岸領導人歷史性會晤。妥善應對臺灣局勢變化，堅決反對和遏制「臺獨」分裂勢力，有力維護臺海和平穩定。

全方位外交佈局深入展開。全面推進中國特色大國外交，形成全方位、多層次、立體化的外交佈局，為我國發展營造了良好外部條件。實施共建「一帶一路」倡議，發起創辦亞洲基礎設施投資銀行，設立絲路基金，舉辦首屆「一帶一路」國際合作高峰論壇、亞太經合組織領導人非正式會議、二十國集團領導人杭州峰會、金磚國家領導人廈門會晤、亞信峰會。宣導構建人類命運共同體，促進全球治理體系變

革。我國國際影響力、感召力、塑造力進一步提高，為世界和平與發展作出新的重大貢獻。

全面從嚴治黨成效卓著。全面加強黨的領導和黨的建設，堅決改變管黨治黨寬鬆軟狀況。推動全黨尊崇黨章，增強政治意識、大局意識、核心意識、看齊意識，堅決維護黨中央權威和集中統一領導，嚴明黨的政治紀律和政治規矩，層層落實管黨治黨政治責任。堅持照鏡子、正衣冠、洗洗澡、治治病的要求，開展黨的群眾路線教育實踐活動和「三嚴三實」專題教育，推進「兩學一做」學習教育常態化制度化，全黨理想信念更加堅定、黨性更加堅強。貫徹新時期好幹部標准，選人用人狀況和風氣明顯好轉。黨的建設制度改革深入推進，黨內法規制度體系不斷完善。把紀律挺在前面，著力解決人民群眾反映最強烈、對黨的執政基礎威脅最大的突出問題。出臺中央八項規定，嚴厲整治形式主義、官僚主義、享樂主義和奢靡之風，堅決反對特權。巡視利劍作用彰顯，實現中央和省級黨委巡視全覆蓋。堅持反腐敗無禁區、全覆蓋、零容忍，堅定不移「打虎」、「拍蠅」、「獵狐」，不敢腐的目標初步實現，不能腐的籠子越紮越牢，不想腐的堤壩正在構築，反腐敗鬥爭壓倒性態勢已經形成並鞏固發展。

五年來的成就是全方位的、開創性的，五年來的變革是深層次的、根本性的。五年來，我們黨以巨大的政治勇氣和強烈的責任擔當，提出一系列新理念新思想新戰略，出臺一系列重大方針政策，推出一系列重大舉措，推進一系列重大工作，解決了許多長期想解決而沒有解決的難題，辦成了許多過去想辦而沒有辦成的大事，推動黨和國家事業發生歷史性變革。這些歷史性變革，對黨和國家事業發展具有重大而深遠的影響。

　　五年來，我們勇於面對黨面臨的重大風險考驗和黨內存在的突出問題，以頑強意志品質正風肅紀、反腐懲惡，消除了黨和國家內部存在的嚴重隱患，黨內政治生活氣象更新，黨內政治生態明顯好轉，黨的創造力、凝聚力、戰鬥力顯著增強，黨的團結統一更加鞏固，黨群關係明顯改善，黨在革命性鍛造中更加堅強，煥發出新的強大生機活力，為黨和國家事業發展提供了堅強政治保證。

　　同時，必須清醒看到，我們的工作還存在許多不足，也面臨不少困難和挑戰。主要是：發展不平衡不充分的一些突出問題尚未解決，發展品質和效益還不高，創新能力不夠強，實體經濟水準有待提高，生態環境保護任重道遠；民生領域還有不少短板，脫貧攻堅任務艱巨，城鄉區域發展和收入分配差距依然較大，群眾在就業、教育、醫療、居住、養老等方面面臨不少難題；社會文明水準尚需提高；社會矛盾和問題交織疊加，全面依法治國任務依然繁重，國家治理體系和治理能力有待加強；意識形態領域鬥爭依然複雜，國家安全面臨新情況；一些改革部署和重大政策措施需要進一步落實；黨的建設方面還存在不少薄弱環節。這些問題，必須著力加以解決。

　　五年來的成就，是黨中央堅強領導的結果，更是全黨全國各族人民共同奮鬥的結果。我代表中共中央，向全國各族人民，向各民主黨派、各人民團體和各界愛國人士，向香港特別行政區同胞、澳門特別行政區同胞和臺灣同胞以及廣大僑胞，向關心和支援中國現代化建設的各國朋友，表示衷心的感謝！

　　同志們！改革開放之初，我們黨發出了走自己的路、建設中國特色社會主義的偉大號召。從那時以來，我們黨團結帶領全國各族人民不懈奮鬥，推動我國經濟實力、科技實力、國防實力、綜合國力進入

世界前列，推動我國國際地位實現前所未有的提升，黨的面貌、國家的面貌、人民的面貌、軍隊的面貌、中華民族的面貌發生了前所未有的變化，中華民族正以嶄新姿態屹立於世界的東方。經過長期努力，中國特色社會主義進入了新時代，這是我國發展新的歷史方位。中國特色社會主義進入新時代，意味著近代以來久經磨難的中華民族迎來了從站起來、富起來到強起來的偉大飛躍，迎來了實現中華民族偉大復興的光明前景；意味著科學社會主義在二十一世紀的中國煥發出強大生機活力，在世界上高高舉起了中國特色社會主義偉大旗幟；意味著中國特色社會主義道路、理論、制度、文化不斷發展，拓展了發展中國家走向現代化的途徑，給世界上那些既希望加快發展又希望保持自身獨立性的國家和民族提供了全新選擇，為解決人類問題貢獻了中國智慧和中國方案。

這個新時代，是承前啟後、繼往開來、在新的歷史條件下繼續奪取中國特色社會主義偉大勝利的時代，是決勝全面建成小康社會、進而全面建設社會主義現代化強國的時代，是全國各族人民團結奮鬥、不斷創造美好生活、逐步實現全體人民共同富裕的時代，是全體中華兒女勠力同心、奮力實現中華民族偉大復興中國夢的時代，是我國日益走近世界舞臺中央、不斷為人類作出更大貢獻的時代。

中國特色社會主義進入新時代，我國社會主要矛盾已經轉化為人民日益增長的美好生活需要和不平衡不充分的發展之間的矛盾。我國穩定解決了十幾億人的溫飽問題，總體上實現小康，不久將全面建成小康社會，人民美好生活需要日益廣泛，不僅對物質文化生活提出了更高要求，而且在民主、法治、公平、正義、安全、環境等方面的要求日益增長。同時，我國社會生產力水準總體上顯著提高，社會生

產能力在很多方面進入世界前列，更加突出的問題是發展不平衡不充分，這已經成為滿足人民日益增長的美好生活需要的主要制約因素。必須認識到，我國社會主要矛盾的變化是關係全域的歷史性變化，對黨和國家工作提出了許多新要求。我們要在繼續推動發展的基礎上，著力解決好發展不平衡不充分問題，大力提升發展品質和效益，更好滿足人民在經濟、政治、文化、社會、生態等方面日益增長的需要，更好推動人的全面發展、社會全面進步。

必須認識到，我國社會主要矛盾的變化，沒有改變我們對我國社會主義所處歷史階段的判斷，我國仍處於並將長期處於社會主義初級階段的基本國情沒有變，我國是世界最大發展中國家的國際地位沒有變。全黨要牢牢把握社會主義初級階段這個基本國情，牢牢立足社會主義初級階段這個最大實際，牢牢堅持黨的基本路線這個黨和國家的生命線、人民的幸福線，領導和團結全國各族人民，以經濟建設為中心，堅持四項基本原則，堅持改革開放，自力更生，艱苦創業，為把我國建設成為富強民主文明和諧美麗的社會主義現代化強國而奮鬥。

同志們！中國特色社會主義進入新時代，在中華人民共和國發展史上、中華民族發展史上具有重大意義，在世界社會主義發展史上、人類社會發展史上也具有重大意義。全黨要堅定信心、奮發有為，讓中國特色社會主義展現出更加強大的生命力！

二、新時代中國共產黨的歷史使命

一百年前，十月革命一聲炮響，給中國送來了馬克思列寧主義。中國先進分子從馬克思列寧主義的科學真理中看到了解決中國問題的

出路。在近代以後中國社會的劇烈運動中，在中國人民反抗封建統治和外來侵略的激烈鬥爭中，在馬克思列寧主義同中國工人運動的結合過程中，一九二一年中國共產黨應運而生。從此，中國人民謀求民族獨立、人民解放和國家富強、人民幸福的鬥爭就有了主心骨，中國人民就從精神上由被動轉為主動。

中華民族有五千多年的文明歷史，創造了燦爛的中華文明，為人類作出了卓越貢獻，成為世界上偉大的民族。鴉片戰爭後，中國陷入內憂外患的黑暗境地，中國人民經歷了戰亂頻仍、山河破碎、民不聊生的深重苦難。為了民族復興，無數仁人志士不屈不撓、前仆後繼，進行了可歌可泣的鬥爭，進行了各式各樣的嘗試，但終究未能改變舊中國的社會性質和中國人民的悲慘命運。

實現中華民族偉大復興是近代以來中華民族最偉大的夢想。中國共產黨一經成立，就把實現共產主義作為黨的最高理想和最終目標，義無反顧肩負起實現中華民族偉大復興的歷史使命，團結帶領人民進行了艱苦卓絕的鬥爭，譜寫了氣吞山河的壯麗史詩。

我們黨深刻認識到，實現中華民族偉大復興，必須推翻壓在中國人民頭上的帝國主義、封建主義、官僚資本主義三座大山，實現民族獨立、人民解放、國家統一、社會穩定。我們黨團結帶領人民找到了一條以農村包圍城市、武裝奪取政權的正確革命道路，進行了二十八年浴血奮戰，完成了新民主主義革命，一九四九年建立了中華人民共和國，實現了中國從幾千年封建專制政治向人民民主的偉大飛躍。

我們黨深刻認識到，實現中華民族偉大復興，必須建立符合我國實際的先進社會制度。我們黨團結帶領人民完成社會主義革命，確立社會主義基本制度，推進社會主義建設，完成了中華民族有史以來最

為廣泛而深刻的社會變革，為當代中國一切發展進步奠定了根本政治前提和制度基礎，實現了中華民族由近代不斷衰落到根本扭轉命運、持續走向繁榮富強的偉大飛躍。

我們黨深刻認識到，實現中華民族偉大復興，必須合乎時代潮流、順應人民意願，勇於改革開放，讓黨和人民事業始終充滿奮勇前進的強大動力。我們黨團結帶領人民進行改革開放新的偉大革命，破除阻礙國家和民族發展的一切思想和體制障礙，開闢了中國特色社會主義道路，使中國大踏步趕上時代。

九十六年來，為了實現中華民族偉大復興的歷史使命，無論是弱小還是強大，無論是順境還是逆境，我們黨都初心不改、矢志不渝，團結帶領人民歷經千難萬險，付出巨大犧牲，敢於面對曲折，勇於修正錯誤，攻克了一個又一個看似不可攻克的難關，創造了一個又一個彪炳史冊的人間奇跡。

同志們！今天，我們比歷史上任何時期都更接近、更有信心和能力實現中華民族偉大復興的目標。

行百里者半九十。中華民族偉大復興，絕不是輕輕鬆鬆、敲鑼打鼓就能實現的。全黨必須準備付出更為艱巨、更為艱苦的努力。

實現偉大夢想，必須進行偉大鬥爭。社會是在矛盾運動中前進的，有矛盾就會有鬥爭。我們黨要團結帶領人民有效應對重大挑戰、抵禦重大風險、克服重大阻力、解決重大矛盾，必須進行具有許多新的歷史特點的偉大鬥爭，任何貪圖享受、消極懈怠、回避矛盾的思想和行為都是錯誤的。全黨要更加自覺地堅持黨的領導和我國社會主義制度，堅決反對一切削弱、歪曲、否定黨的領導和我國社會主義制度的言行；更加自覺地維護人民利益，堅決反對一切損害人民利益、脫

離群眾的行為；更加自覺地投身改革創新時代潮流，堅決破除一切頑症痼疾；更加自覺地維護我國主權、安全、發展利益，堅決反對一切分裂祖國、破壞民族團結和社會和諧穩定的行為；更加自覺地防範各種風險，堅決戰勝一切在政治、經濟、文化、社會等領域和自然界出現的困難和挑戰。全黨要充分認識這場偉大鬥爭的長期性、複雜性、艱巨性，發揚鬥爭精神，提高鬥爭本領，不斷奪取偉大鬥爭新勝利。

實現偉大夢想，必須建設偉大工程。這個偉大工程就是我們黨正在深入推進的黨的建設新的偉大工程。歷史已經並將繼續證明，沒有中國共產黨的領導，民族復興必然是空想。我們黨要始終成為時代先鋒、民族脊梁，始終成為馬克思主義執政黨，自身必須始終過硬。全黨要更加自覺地堅定黨性原則，勇於直面問題，敢於刮骨療毒，消除一切損害黨的先進性和純潔性的因素，清除一切侵蝕黨的健康肌體的病毒，不斷增強黨的政治領導力、思想引領力、群眾組織力、社會號召力，確保我們黨永葆旺盛生命力和強大戰鬥力。

實現偉大夢想，必須推進偉大事業。中國特色社會主義是改革開放以來黨的全部理論和實踐的主題，是黨和人民歷盡千辛萬苦、付出巨大代價取得的根本成就。中國特色社會主義道路是實現社會主義現代化、創造人民美好生活的必由之路，中國特色社會主義理論體系是指導黨和人民實現中華民族偉大復興的正確理論，中國特色社會主義制度是當代中國發展進步的根本制度保障，中國特色社會主義文化是激勵全黨全國各族人民奮勇前進的強大精神力量。全黨要更加自覺地增強道路自信、理論自信、制度自信、文化自信，既不走封閉僵化的老路，也不走改旗易幟的邪路，保持政治定力，堅持實幹興邦，始終堅持和發展中國特色社會主義。

偉大鬥爭，偉大工程，偉大事業，偉大夢想，緊密聯繫、相互貫通、相互作用，其中起決定性作用的是黨的建設新的偉大工程。推進偉大工程，要結合偉大鬥爭、偉大事業、偉大夢想的實踐來進行，確保黨在世界形勢深刻變化的歷史進程中始終走在時代前列，在應對國內外各種風險和考驗的歷史進程中始終成為全國人民的主心骨，在堅持和發展中國特色社會主義的歷史進程中始終成為堅強領導核心。

同志們！使命呼喚擔當，使命引領未來。我們要不負人民重托、無愧歷史選擇，在新時代中國特色社會主義的偉大實踐中，以黨的堅強領導和頑強奮鬥，激勵全體中華兒女不斷奮進，凝聚起同心共築中國夢的磅礴力量！

三、新時代中國特色社會主義思想和基本方略

十八大以來，國內外形勢變化和我國各項事業發展都給我們提出了一個重大時代課題，這就是必須從理論和實踐結合上系統回答新時代堅持和發展什麼樣的中國特色社會主義、怎樣堅持和發展中國特色社會主義，包括新時代堅持和發展中國特色社會主義的總目標、總任務、總體佈局、戰略佈局和發展方向、發展方式、發展動力、戰略步驟、外部條件、政治保證等基本問題，並且要根據新的實踐對經濟、政治、法治、科技、文化、教育、民生、民族、宗教、社會、生態文明、國家安全、國防和軍隊、「一國兩制」和祖國統一、統一戰線、外交、黨的建設等各方面作出理論分析和政策指導，以利於更好堅持和發展中國特色社會主義。

圍繞這個重大時代課題，我們黨堅持以馬克思列寧主義、毛澤

東思想、鄧小平理論、「三個代表」重要思想、科學發展觀為指導，堅持解放思想、實事求是、與時俱進、求真務實，堅持辯證唯物主義和歷史唯物主義，緊密結合新的時代條件和實踐要求，以全新的視野深化對共產黨執政規律、社會主義建設規律、人類社會發展規律的認識，進行艱辛理論探索，取得重大理論創新成果，形成了新時代中國特色社會主義思想。

新時代中國特色社會主義思想，明確堅持和發展中國特色社會主義，總任務是實現社會主義現代化和中華民族偉大復興，在全面建成小康社會的基礎上，分兩步走在本世紀中葉建成富強民主文明和諧美麗的社會主義現代化強國；明確新時代我國社會主要矛盾是人民日益增長的美好生活需要和不平衡不充分的發展之間的矛盾，必須堅持以人民為中心的發展思想，不斷促進人的全面發展、全體人民共同富裕；明確中國特色社會主義事業總體佈局是「五位一體」、戰略佈局是「四個全面」，強調堅定道路自信、理論自信、制度自信、文化自信；明確全面深化改革總目標是完善和發展中國特色社會主義制度、推進國家治理體系和治理能力現代化；明確全面推進依法治國總目標是建設中國特色社會主義法治體系、建設社會主義法治國家；明確黨在新時代的強軍目標是建設一支聽黨指揮、能打勝仗、作風優良的人民軍隊，把人民軍隊建設成為世界一流軍隊；明確中國特色大國外交要推動構建新型國際關係，推動構建人類命運共同體；明確中國特色社會主義最本質的特徵是中國共產黨領導，中國特色社會主義制度的最大優勢是中國共產黨領導，黨是最高政治領導力量，提出新時代黨的建設總要求，突出政治建設在黨的建設中的重要地位。

新時代中國特色社會主義思想，是對馬克思列寧主義、毛澤東思

想、鄧小平理論、「三個代表」重要思想、科學發展觀的繼承和發展，是馬克思主義中國化最新成果，是黨和人民實踐經驗和集體智慧的結晶，是中國特色社會主義理論體系的重要組成部分，是全黨全國人民為實現中華民族偉大復興而奮鬥的行動指南，必須長期堅持並不斷發展。

全黨要深刻領會新時代中國特色社會主義思想的精神實質和豐富內涵，在各項工作中全面準確貫徹落實。

（一）堅持黨對一切工作的領導。黨政軍民學，東西南北中，黨是領導一切的。必須增強政治意識、大局意識、核心意識、看齊意識，自覺維護黨中央權威和集中統一領導，自覺在思想上政治上行動上同黨中央保持高度一致，完善堅持黨的領導的體制機制，堅持穩中求進工作總基調，統籌推進「五位一體」總體佈局，協調推進「四個全面」戰略佈局，提高黨把方向、謀大局、定政策、促改革的能力和定力，確保黨始終總攬全域、協調各方。

（二）堅持以人民為中心。人民是歷史的創造者，是決定黨和國家前途命運的根本力量。必須堅持人民主體地位，堅持立黨為公、執政為民，踐行全心全意為人民服務的根本宗旨，把黨的群眾路線貫徹到治國理政全部活動之中，把人民對美好生活的嚮往作為奮鬥目標，依靠人民創造歷史偉業。

（三）堅持全面深化改革。只有社會主義才能救中國，只有改革開放才能發展中國、發展社會主義、發展馬克思主義。必須堅持和完善中國特色社會主義制度，不斷推進國家治理體系和治理能力現代化，堅決破除一切不合時宜的思想觀念和體制機制弊端，突破利益固化的藩籬，吸收人類文明有益成果，構建系統完備、科學規範、運行有效的制度體系，充分發揮我國社會主義制度優越性。

（四）堅持新發展理念。發展是解決我國一切問題的基礎和關鍵，發展必須是科學發展，必須堅定不移貫徹創新、協調、綠色、開放、共用的發展理念。必須堅持和完善我國社會主義基本經濟制度和分配制度，毫不動搖鞏固和發展公有制經濟，毫不動搖鼓勵、支持、引導非公有制經濟發展，使市場在資源配置中起決定性作用，更好發揮政府作用，推動新型工業化、資訊化、城鎮化、農業現代化同步發展，主動參與和推動經濟全球化進程，發展更高層次的開放型經濟，不斷壯大我國經濟實力和綜合國力。

（五）堅持人民當家作主。堅持黨的領導、人民當家作主、依法治國有機統一是社會主義政治發展的必然要求。必須堅持中國特色社會主義政治發展道路，堅持和完善人民代表大會制度、中國共產黨領導的多黨合作和政治協商制度、民族區域自治制度、基層群眾自治制度，鞏固和發展最廣泛的愛國統一戰線，發展社會主義協商民主，健全民主制度，豐富民主形式，拓寬民主管道，保證人民當家作主落實到國家政治生活和社會生活之中。

（六）堅持全面依法治國。全面依法治國是中國特色社會主義的本質要求和重要保障。必須把黨的領導貫徹落實到依法治國全過程和各方面，堅定不移走中國特色社會主義法治道路，完善以憲法為核心的中國特色社會主義法律體系，建設中國特色社會主義法治體系，建設社會主義法治國家，發展中國特色社會主義法治理論，堅持依法治國、依法執政、依法行政共同推進，堅持法治國家、法治政府、法治社會一體建設，堅持依法治國和以德治國相結合，依法治國和依規治黨有機統一，深化司法體制改革，提高全民族法治素養和道德素質。

（七）堅持社會主義核心價值體系。文化自信是一個國家、一個

民族發展中更基本、更深沉、更持久的力量。必須堅持馬克思主義，牢固樹立共產主義遠大理想和中國特色社會主義共同理想，培育和踐行社會主義核心價值觀，不斷增強意識形態領域主導權和話語權，推動中華優秀傳統文化創造性轉化、創新性發展，繼承革命文化，發展社會主義先進文化，不忘本來、吸收外來、面向未來，更好構築中國精神、中國價值、中國力量，為人民提供精神指引。

（八）堅持在發展中保障和改善民生。增進民生福祉是發展的根本目的。必須多謀民生之利、多解民生之憂，在發展中補齊民生短板、促進社會公平正義，在幼有所育、學有所教、勞有所得、病有所醫、老有所養、住有所居、弱有所扶上不斷取得新進展，深入開展脫貧攻堅，保證全體人民在共建共用發展中有更多獲得感，不斷促進人的全面發展、全體人民共同富裕。建設平安中國，加強和創新社會治理，維護社會和諧穩定，確保國家長治久安、人民安居樂業。

（九）堅持人與自然和諧共生。建設生態文明是中華民族永續發展的千年大計。必須樹立和踐行綠水青山就是金山銀山的理念，堅持節約資源和保護環境的基本國策，像對待生命一樣對待生態環境，統籌山水林田湖草系統治理，實行最嚴格的生態環境保護制度，形成綠色發展方式和生活方式，堅定走生產發展、生活富裕、生態良好的文明發展道路，建設美麗中國，為人民創造良好生產生活環境，為全球生態安全作出貢獻。

（十）堅持總體國家安全觀。統籌發展和安全，增強憂患意識，做到居安思危，是我們黨治國理政的一個重大原則。必須堅持國家利益至上，以人民安全為宗旨，以政治安全為根本，統籌外部安全和內部安全、國土安全和國民安全、傳統安全和非傳統安全、自身安全和

共同安全，完善國家安全制度體系，加強國家安全能力建設，堅決維護國家主權、安全、發展利益。

（十一）堅持黨對人民軍隊的絕對領導。建設一支聽黨指揮、能打勝仗、作風優良的人民軍隊，是實現「兩個一百年」奮鬥目標、實現中華民族偉大復興的戰略支撐。必須全面貫徹黨領導人民軍隊的一系列根本原則和制度，確立新時代黨的強軍思想在國防和軍隊建設中的指導地位，堅持政治建軍、改革強軍、科技興軍、依法治軍，更加注重聚焦實戰，更加注重創新驅動，更加注重體系建設，更加注重集約高效，更加注重軍民融合，實現黨在新時代的強軍目標。

（十二）堅持「一國兩制」和推進祖國統一。保持香港、澳門長期繁榮穩定，實現祖國完全統一，是實現中華民族偉大復興的必然要求。必須把維護中央對香港、澳門特別行政區全面管治權和保障特別行政區高度自治權有機結合起來，確保「一國兩制」方針不會變、不動搖，確保「一國兩制」實踐不變形、不走樣。必須堅持一個中國原則，堅持「九二共識」，推動兩岸關係和平發展，深化兩岸經濟合作和文化往來，推動兩岸同胞共同反對一切分裂國家的活動，共同為實現中華民族偉大復興而奮鬥。

（十三）堅持推動構建人類命運共同體。中國人民的夢想同各國人民的夢想息息相通，實現中國夢離不開和平的國際環境和穩定的國際秩序。必須統籌國內國際兩個大局，始終不渝走和平發展道路、奉行互利共贏的開放戰略，堅持正確義利觀，樹立共同、綜合、合作、可持續的新安全觀，謀求開放創新、包容互惠的發展前景，促進和而不同、兼收並蓄的文明交流，構築尊崇自然、綠色發展的生態體系，始終做世界和平的建設者、全球發展的貢獻者、國際秩序的維護者。

（十四）堅持全面從嚴治黨。勇於自我革命，從嚴管黨治黨，是我們黨最鮮明的品格。必須以黨章為根本遵循，把黨的政治建設擺在首位，思想建黨和制度治黨同向發力，統籌推進黨的各項建設，抓住「關鍵少數」，堅持「三嚴三實」，堅持民主集中制，嚴肅黨內政治生活，嚴明黨的紀律，強化黨內監督，發展積極健康的黨內政治文化，全面淨化黨內政治生態，堅決糾正各種不正之風，以零容忍態度懲治腐敗，不斷增強黨自我淨化、自我完善、自我革新、自我提高的能力，始終保持黨同人民群眾的血肉聯繫。

以上十四條，構成新時代堅持和發展中國特色社會主義的基本方略。全黨同志必須全面貫徹黨的基本理論、基本路線、基本方略，更好引領黨和人民事業發展。

實踐沒有止境，理論創新也沒有止境。世界每時每刻都在發生變化，中國也每時每刻都在發生變化，我們必須在理論上跟上時代，不斷認識規律，不斷推進理論創新、實踐創新、制度創新、文化創新以及其他各方面創新。

同志們！時代是思想之母，實踐是理論之源。只要我們善於聆聽時代聲音，勇於堅持真理、修正錯誤，二十一世紀中國的馬克思主義一定能夠展現出更強大、更有說服力的真理力量！

四、決勝全面建成小康社會，開啟全面建設社會主義現代化國家新征程

改革開放之後，我們黨對我國社會主義現代化建設作出戰略安排，提出「三步走」戰略目標。解決人民溫飽問題、人民生活總體上

達到小康水準這兩個目標已提前實現。在這個基礎上，我們黨提出，到建黨一百年時建成經濟更加發展、民主更加健全、科教更加進步、文化更加繁榮、社會更加和諧、人民生活更加殷實的小康社會，然後再奮鬥三十年，到新中國成立一百年時，基本實現現代化，把我國建成社會主義現代化國家。

從現在到二〇二〇年，是全面建成小康社會決勝期。要按照十六大、十七大、十八大提出的全面建成小康社會各項要求，緊扣我國社會主要矛盾變化，統籌推進經濟建設、政治建設、文化建設、社會建設、生態文明建設，堅定實施科教興國戰略、人才強國戰略、創新驅動發展戰略、鄉村振興戰略、區域協調發展戰略、可持續發展戰略、軍民融合發展戰略，突出抓重點、補短板、強弱項，特別是要堅決打好防範化解重大風險、精准脫貧、污染防治的攻堅戰，使全面建成小康社會得到人民認可、經得起歷史檢驗。

從十九大到二十大，是「兩個一百年」奮鬥目標的歷史交匯期。我們既要全面建成小康社會、實現第一個百年奮鬥目標，又要乘勢而上開啟全面建設社會主義現代化國家新征程，向第二個百年奮鬥目標進軍。

綜合分析國際國內形勢和我國發展條件，從二〇二〇年到本世紀中葉可以分兩個階段來安排。

第一個階段，從二〇二〇年到二〇三五年，在全面建成小康社會的基礎上，再奮鬥十五年，基本實現社會主義現代化。到那時，我國經濟實力、科技實力將大幅躍升，躋身創新型國家前列；人民平等參與、平等發展權利得到充分保障，法治國家、法治政府、法治社會基本建成，各方面制度更加完善，國家治理體系和治理能力現代化基本

實現；社會文明程度達到新的高度，國家文化軟實力顯著增強，中華文化影響更加廣泛深入；人民生活更為寬裕，中等收入群體比例明顯提高，城鄉區域發展差距和居民生活水準差距顯著縮小，基本公共服務均等化基本實現，全體人民共同富裕邁出堅實步伐；現代社會治理格局基本形成，社會充滿活力又和諧有序；生態環境根本好轉，美麗中國目標基本實現。

第二個階段，從二〇三五年到本世紀中葉，在基本實現現代化的基礎上，再奮鬥十五年，把我國建成富強民主文明和諧美麗的社會主義現代化強國。到那時，我國物質文明、政治文明、精神文明、社會文明、生態文明將全面提升，實現國家治理體系和治理能力現代化，成為綜合國力和國際影響力領先的國家，全體人民共同富裕基本實現，我國人民將享有更加幸福安康的生活，中華民族將以更加昂揚的姿態屹立於世界民族之林。

同志們！從全面建成小康社會到基本實現現代化，再到全面建成社會主義現代化強國，是新時代中國特色社會主義發展的戰略安排。我們要堅忍不拔、鍥而不捨，奮力譜寫社會主義現代化新征程的壯麗篇章！

五、貫徹新發展理念，建設現代化經濟體系

實現「兩個一百年」奮鬥目標、實現中華民族偉大復興的中國夢，不斷提高人民生活水準，必須堅定不移把發展作為黨執政興國的第一要務，堅持解放和發展社會生產力，堅持社會主義市場經濟改革方向，推動經濟持續健康發展。

　　我國經濟已由高速增長階段轉向高品質發展階段，正處在轉變發展方式、優化經濟結構、轉換增長動力的攻關期，建設現代化經濟體系是跨越關口的迫切要求和我國發展的戰略目標。必須堅持品質第一、效益優先，以供給側結構性改革為主線，推動經濟發展品質變革、效率變革、動力變革，提高全要素生產率，著力加快建設實體經濟、科技創新、現代金融、人力資源協同發展的產業體系，著力構建市場機制有效、微觀主體有活力、宏觀調控有度的經濟體制，不斷增強我國經濟創新力和競爭力。

　　（一）深化供給側結構性改革。建設現代化經濟體系，必須把發展經濟的著力點放在實體經濟上，把提高供給體系品質作為主攻方向，顯著增強我國經濟品質優勢。加快建設製造強國，加快發展先進製造業，推動互聯網、大數據、人工智慧和實體經濟深度融合，在中高端消費、創新引領、綠色低碳、共用經濟、現代供應鏈、人力資本服務等領域培育新增長點、形成新動能。支持傳統產業優化升級，加快發展現代服務業，瞄準國際標準提高水準。促進我國產業邁向全球價值鏈中高端，培育若干世界級先進製造業集群。加強水利、鐵路、公路、水運、航空、管道、電網、資訊、物流等基礎設施網路建設。堅持去產能、去庫存、去杠杆、降成本、補短板，優化存量資源配置，擴大優質增量供給，實現供需動態平衡。激發和保護企業家精神，鼓勵更多社會主體投身創新創業。建設知識型、技能型、創新型勞動者大軍，弘揚勞模精神和工匠精神，營造勞動光榮的社會風尚和精益求精的敬業風氣。

　　（二）加快建設創新型國家。創新是引領發展的第一動力，是建設現代化經濟體系的戰略支撐。要瞄準世界科技前沿，強化基礎研究，

實現前瞻性基礎研究、引領性原創成果重大突破。加強應用基礎研究，拓展實施國家重大科技專案，突出關鍵共性技術、前沿引領技術、現代工程技術、顛覆性技術創新，為建設科技強國、品質強國、航天強國、網路強國、交通強國、數位中國、智慧社會提供有力支撐。加強國家創新體系建設，強化戰略科技力量。深化科技體制改革，建立以企業為主體、市場為導向、產學研深度融合的技術創新體系，加強對中小企業創新的支援，促進科技成果轉化。宣導創新文化，強化智慧財產權創造、保護、運用。培養造就一大批具有國際水準的戰略科技人才、科技領軍人才、青年科技人才和高水準創新團隊。

（三）實施鄉村振興戰略。農業農村農民問題是關係國計民生的根本性問題，必須始終把解決好「三農」問題作為全黨工作重中之重。要堅持農業農村優先發展，按照產業興旺、生態宜居、鄉風文明、治理有效、生活富裕的總要求，建立健全城鄉融合發展體制機制和政策體系，加快推進農業農村現代化。鞏固和完善農村基本經營制度，深化農村土地制度改革，完善承包地「三權」分置制度。保持土地承包關係穩定並長久不變，第二輪土地承包到期後再延長三十年。深化農村集體產權制度改革，保障農民財產權益，壯大集體經濟。確保國家糧食安全，把中國人的飯碗牢牢端在自己手中。構建現代農業產業體系、生產體系、經營體系，完善農業支持保護制度，發展多種形式適度規模經營，培育新型農業經營主體，健全農業社會化服務體系，實現小農戶和現代農業發展有機銜接。促進農村一二三產業融合發展，支持和鼓勵農民就業創業，拓寬增收管道。加強農村基層基礎工作，健全自治、法治、德治相結合的鄉村治理體系。培養造就一支懂農業、愛農村、愛農民的「三農」工作隊伍。

　　（四）實施區域協調發展戰略。加大力度支持革命老區、民族地區、邊疆地區、貧困地區加快發展，強化舉措推進西部大開發形成新格局，深化改革加快東北等老工業基地振興，發揮優勢推動中部地區崛起，創新引領率先實現東部地區優化發展，建立更加有效的區域協調發展新機制。以城市群為主體構建大中小城市和小城鎮協調發展的城鎮格局，加快農業轉移人口市民化。以疏解北京非首都功能為「牛鼻子」推動京津冀協同發展，高起點規劃、高標準建設雄安新區。以共抓大保護、不搞大開發為導向推動長江經濟帶發展。支持資源型地區經濟轉型發展。加快邊疆發展，確保邊疆鞏固、邊境安全。堅持陸海統籌，加快建設海洋強國。

　　（五）加快完善社會主義市場經濟體制。經濟體制改革必須以完善產權制度和要素市場化配置為重點，實現產權有效激勵、要素自由流動、價格反應靈活、競爭公平有序、企業優勝劣汰。要完善各類國有資產管理體制，改革國有資本授權經營體制，加快國有經濟佈局優化、結構調整、戰略性重組，促進國有資產保值增值，推動國有資本做強做優做大，有效防止國有資產流失。深化國有企業改革，發展混合所有制經濟，培育具有全球競爭力的世界一流企業。全面實施市場准入負面清單制度，清理廢除妨礙統一市場和公平競爭的各種規定和做法，支援民營企業發展，激發各類市場主體活力。深化商事制度改革，打破行政性壟斷，防止市場壟斷，加快要素價格市場化改革，放寬服務業准入限制，完善市場監管體制。創新和完善宏觀調控，發揮國家發展規劃的戰略導向作用，健全財政、貨幣、產業、區域等經濟政策協調機制。完善促進消費的體制機制，增強消費對經濟發展的基礎性作用。深化投融資體制改革，發揮投資對優化供給結構的關鍵性

作用。加快建立現代財政制度，建立權責清晰、財力協調、區域均衡的中央和地方財政關係。建立全面規範透明、標準科學、約束有力的預算制度，全面實施績效管理。深化稅收制度改革，健全地方稅體系。深化金融體制改革，增強金融服務實體經濟能力，提高直接融資比重，促進多層次資本市場健康發展。健全貨幣政策和宏觀審慎政策雙支柱調控框架，深化利率和匯率市場化改革。健全金融監管體系，守住不發生系統性金融風險的底線。

（六）推動形成全面開放新格局。開放帶來進步，封閉必然落後。中國開放的大門不會關閉，只會越開越大。要以「一帶一路」建設為重點，堅持引進來和走出去並重，遵循共商共建共用原則，加強創新能力開放合作，形成陸海內外聯動、東西雙向互濟的開放格局。拓展對外貿易，培育貿易新業態新模式，推進貿易強國建設。實行高水準的貿易和投資自由化便利化政策，全面實行准入前國民待遇加負面清單管理制度，大幅度放寬市場准入，擴大服務業對外開放，保護外商投資合法權益。凡是在我國境內注冊的企業，都要一視同仁、平等對待。優化區域開放佈局，加大西部開放力度。賦予自由貿易試驗區更大改革自主權，探索建設自由貿易港。創新對外投資方式，促進國際產能合作，形成面向全球的貿易、投融資、生產、服務網路，加快培育國際經濟合作和競爭新優勢。

同志們！解放和發展社會生產力，是社會主義的本質要求。我們要激發全社會創造力和發展活力，努力實現更高品質、更有效率、更加公平、更可持續的發展！

六、健全人民當家作主制度體系，發展社會主義民主政治

我國是工人階級領導的、以工農聯盟為基礎的人民民主專政的社會主義國家，國家一切權力屬於人民。我國社會主義民主是維護人民根本利益的最廣泛、最真實、最管用的民主。發展社會主義民主政治就是要體現人民意志、保障人民權益、激發人民創造活力，用制度體系保證人民當家作主。中國特色社會主義政治發展道路，是近代以來中國人民長期奮鬥歷史邏輯、理論邏輯、實踐邏輯的必然結果，是堅持黨的本質屬性、踐行黨的根本宗旨的必然要求。世界上沒有完全相同的政治制度模式，政治制度不能脫離特定社會政治條件和歷史文化傳統來抽象評判，不能定於一尊，不能生搬硬套外國政治制度模式。要長期堅持、不斷發展我國社會主義民主政治，積極穩妥推進政治體制改革，推進社會主義民主政治制度化、規範化、程式化，保證人民依法通過各種途徑和形式管理國家事務，管理經濟文化事業，管理社會事務，鞏固和發展生動活潑、安定團結的政治局面。

（一）堅持黨的領導、人民當家作主、依法治國有機統一。黨的領導是人民當家作主和依法治國的根本保證，人民當家作主是社會主義民主政治的本質特徵，依法治國是黨領導人民治理國家的基本方式，三者統一於我國社會主義民主政治偉大實踐。在我國政治生活中，黨是居於領導地位的，加強黨的集中統一領導，支持人大、政府、政協和法院、檢察院依法依章程履行職能、開展工作、發揮作用，這兩個方面是統一的。要改進黨的領導方式和執政方式，保證黨領導人民有效治理國家；擴大人民有序政治參與，保證人民依法實行民主選舉、民主協商、民主決策、民主管理、民主監督；維護國家法

制統一、尊嚴、權威，加強人權法治保障，保證人民依法享有廣泛權利和自由。鞏固基層政權，完善基層民主制度，保障人民知情權、參與權、表達權、監督權。健全依法決策機制，構建決策科學、執行堅決、監督有力的權力運行機制。各級領導幹部要增強民主意識，發揚民主作風，接受人民監督，當好人民公僕。

（二）加強人民當家作主制度保障。人民代表大會制度是堅持黨的領導、人民當家作主、依法治國有機統一的根本政治制度安排，必須長期堅持、不斷完善。要支持和保證人民通過人民代表大會行使國家權力。發揮人大及其常委會在立法工作中的主導作用，健全人大組織制度和工作制度，支持和保證人大依法行使立法權、監督權、決定權、任免權，更好發揮人大代表作用，使各級人大及其常委會成為全面擔負起憲法法律賦予的各項職責的工作機關，成為同人民群眾保持密切聯繫的代表機關。完善人大專門委員會設置，優化人大常委會和專門委員會組成人員結構。

（三）發揮社會主義協商民主重要作用。有事好商量，眾人的事情由眾人商量，是人民民主的真諦。協商民主是實現黨的領導的重要方式，是我國社會主義民主政治的特有形式和獨特優勢。要推動協商民主廣泛、多層、制度化發展，統籌推進政黨協商、人大協商、政府協商、政協協商、人民團體協商、基層協商以及社會組織協商。加強協商民主制度建設，形成完整的制度程式和參與實踐，保證人民在日常政治生活中有廣泛持續深入參與的權利。

人民政協是具有中國特色的制度安排，是社會主義協商民主的重要管道和專門協商機構。人民政協工作要聚焦黨和國家中心任務，圍繞團結和民主兩大主題，把協商民主貫穿政治協商、民主監督、參政

議政全過程，完善協商議政內容和形式，著力增進共識、促進團結。加強人民政協民主監督，重點監督黨和國家重大方針政策和重要決策部署的貫徹落實。增強人民政協界別的代表性，加強委員隊伍建設。

（四）深化依法治國實踐。全面依法治國是國家治理的一場深刻革命，必須堅持厲行法治，推進科學立法、嚴格執法、公正司法、全民守法。成立中央全面依法治國領導小組，加強對法治中國建設的統一領導。加強憲法實施和監督，推進合憲性審查工作，維護憲法權威。推進科學立法、民主立法、依法立法，以良法促進發展、保障善治。建設法治政府，推進依法行政，嚴格規範公正文明執法。深化司法體制綜合配套改革，全面落實司法責任制，努力讓人民群眾在每一個司法案件中感受到公平正義。加大全民普法力度，建設社會主義法治文化，樹立憲法法律至上、法律面前人人平等的法治理念。各級黨組織和全體黨員要帶頭尊法學法守法用法，任何組織和個人都不得有超越憲法法律的特權，絕不允許以言代法、以權壓法、逐利違法、徇私枉法。

（五）深化機構和行政體制改革。統籌考慮各類機構設置，科學配置黨政部門及內設機構權力、明確職責。統籌使用各類編制資源，形成科學合理的管理體制，完善國家機構組織法。轉變政府職能，深化簡政放權，創新監管方式，增強政府公信力和執行力，建設人民滿意的服務型政府。賦予省級及以下政府更多自主權。在省市縣對職能相近的黨政機關探索合併設立或合署辦公。深化事業單位改革，強化公益屬性，推進政事分開、事企分開、管辦分離。

（六）鞏固和發展愛國統一戰線。統一戰線是黨的事業取得勝利的重要法寶，必須長期堅持。要高舉愛國主義、社會主義旗幟，牢牢

把握大團結大聯合的主題，堅持一致性和多樣性統一，找到最大公約數，畫出最大同心圓。堅持長期共存、互相監督、肝膽相照、榮辱與共，支持民主黨派按照中國特色社會主義參政黨要求更好履行職能。全面貫徹黨的民族政策，深化民族團結進步教育，鑄牢中華民族共同體意識，加強各民族交往交流交融，促進各民族像石榴籽一樣緊緊抱在一起，共同團結奮鬥、共同繁榮發展。全面貫徹黨的宗教工作基本方針，堅持我國宗教的中國化方向，積極引導宗教與社會主義社會相適應。加強黨外知識份子工作，做好新的社會階層人士工作，發揮他們在中國特色社會主義事業中的重要作用。構建親清新型政商關係，促進非公有制經濟健康發展和非公有制經濟人士健康成長。廣泛團結聯繫海外僑胞和歸僑僑眷，共同致力於中華民族偉大復興。

同志們！中國特色社會主義政治制度是中國共產黨和中國人民的偉大創造。我們完全有信心、有能力把我國社會主義民主政治的優勢和特點充分發揮出來，為人類政治文明進步作出充滿中國智慧的貢獻！

七、堅定文化自信，推動社會主義文化繁榮興盛

文化是一個國家、一個民族的靈魂。文化興國運興，文化強民族強。沒有高度的文化自信，沒有文化的繁榮興盛，就沒有中華民族偉大復興。要堅持中國特色社會主義文化發展道路，激發全民族文化創新創造活力，建設社會主義文化強國。

中國特色社會主義文化，源自於中華民族五千多年文明歷史所孕育的中華優秀傳統文化，熔鑄于黨領導人民在革命、建設、改革中創

造的革命文化和社會主義先進文化，植根於中國特色社會主義偉大實踐。發展中國特色社會主義文化，就是以馬克思主義為指導，堅守中華文化立場，立足當代中國現實，結合當今時代條件，發展面向現代化、面向世界、面向未來的，民族的科學的大眾的社會主義文化，推動社會主義精神文明和物質文明協調發展。要堅持為人民服務、為社會主義服務，堅持百花齊放、百家爭鳴，堅持創造性轉化、創新性發展，不斷鑄就中華文化新輝煌。

（一）牢牢掌握意識形態工作領導權。意識形態決定文化前進方向和發展道路。必須推進馬克思主義中國化時代化大眾化，建設具有強大凝聚力和引領力的社會主義意識形態，使全體人民在理想信念、價值理念、道德觀念上緊緊團結在一起。要加強理論武裝，推動新時代中國特色社會主義思想深入人心。深化馬克思主義理論研究和建設，加快構建中國特色哲學社會科學，加強中國特色新型智庫建設。堅持正確輿論導向，高度重視傳播手段建設和創新，提高新聞輿論傳播力、引導力、影響力、公信力。加強互聯網內容建設，建立網路綜合治理體系，營造清朗的網路空間。落實意識形態工作責任制，加強陣地建設和管理，注意區分政治原則問題、思想認識問題、學術觀點問題，旗幟鮮明反對和抵制各種錯誤觀點。

（二）培育和踐行社會主義核心價值觀。社會主義核心價值觀是當代中國精神的集中體現，凝結著全體人民共同的價值追求。要以培養擔當民族復興大任的時代新人為著眼點，強化教育引導、實踐養成、制度保障，發揮社會主義核心價值觀對國民教育、精神文明創建、精神文化產品創作生產傳播的引領作用，把社會主義核心價值觀融入社會發展各方面，轉化為人們的情感認同和行為習慣。堅持全

民行動、幹部帶頭，從家庭做起，從娃娃抓起。深入挖掘中華優秀傳統文化蘊含的思想觀念、人文精神、道德規範，結合時代要求繼承創新，讓中華文化展現出永久魅力和時代風采。

（三）加強思想道德建設。人民有信仰，國家有力量，民族有希望。要提高人民思想覺悟、道德水準、文明素養，提高全社會文明程度。廣泛開展理想信念教育，深化中國特色社會主義和中國夢宣傳教育，弘揚民族精神和時代精神，加強愛國主義、集體主義、社會主義教育，引導人們樹立正確的歷史觀、民族觀、國家觀、文化觀。深入實施公民道德建設工程，推進社會公德、職業道德、家庭美德、個人品德建設，激勵人們向上向善、孝老愛親，忠於祖國、忠於人民。加強和改進思想政治工作，深化群眾性精神文明創建活動。弘揚科學精神，普及科學知識，開展移風易俗、弘揚時代新風行動，抵制腐朽落後文化侵蝕。推進誠信建設和志願服務制度化，強化社會責任意識、規則意識、奉獻意識。

（四）繁榮發展社會主義文藝。社會主義文藝是人民的文藝，必須堅持以人民為中心的創作導向，在深入生活、扎根人民中進行無愧於時代的文藝創造。要繁榮文藝創作，堅持思想精深、藝術精湛、制作精良相統一，加強現實題材創作，不斷推出謳歌黨、謳歌祖國、謳歌人民、謳歌英雄的精品力作。發揚學術民主、藝術民主，提升文藝原創力，推動文藝創新。宣導講品位、講格調、講責任，抵制低俗、庸俗、媚俗。加強文藝隊伍建設，造就一大批德藝雙馨名家大師，培育一大批高水準創作人才。

（五）推動文化事業和文化產業發展。滿足人民過上美好生活的新期待，必須提供豐富的精神食糧。要深化文化體制改革，完善文

化管理體制，加快構建把社會效益放在首位、社會效益和經濟效益相統一的體制機制。完善公共文化服務體系，深入實施文化惠民工程，豐富群眾性文化活動。加強文物保護利用和文化遺產保護傳承。健全現代文化產業體系和市場體系，創新生產經營機制，完善文化經濟政策，培育新型文化業態。廣泛開展全民健身活動，加快推進體育強國建設，籌辦好北京冬奧會、冬殘奧會。加強中外人文交流，以我為主、兼收並蓄。推進國際傳播能力建設，講好中國故事，展現真實、立體、全面的中國，提高國家文化軟實力。

同志們！中國共產黨從成立之日起，既是中國先進文化的積極引領者和踐行者，又是中華優秀傳統文化的忠實傳承者和弘揚者。當代中國共產黨人和中國人民應該而且一定能夠擔負起新的文化使命，在實踐創造中進行文化創造，在歷史進步中實現文化進步！

八、提高保障和改善民生水準，加強和創新社會治理

全黨必須牢記，為什麼人的問題，是檢驗一個政黨、一個政權性質的試金石。帶領人民創造美好生活，是我們黨始終不渝的奮鬥目標。必須始終把人民利益擺在至高無上的地位，讓改革發展成果更多更公平惠及全體人民，朝著實現全體人民共同富裕不斷邁進。

保障和改善民生要抓住人民最關心最直接最現實的利益問題，既盡力而為，又量力而行，一件事情接著一件事情辦，一年接著一年幹。堅持人人盡責、人人享有，堅守底線、突出重點、完善制度、引導預期，完善公共服務體系，保障群眾基本生活，不斷滿足人民日益增長的美好生活需要，不斷促進社會公平正義，形成有效的社會治理、

良好的社會秩序，使人民獲得感、幸福感、安全感更加充實、更有保障、更可持續。

（一）優先發展教育事業。建設教育強國是中華民族偉大復興的基礎工程，必須把教育事業放在優先位置，深化教育改革，加快教育現代化，辦好人民滿意的教育。要全面貫徹黨的教育方針，落實立德樹人根本任務，發展素質教育，推進教育公平，培養德智體美全面發展的社會主義建設者和接班人。推動城鄉義務教育一體化發展，高度重視農村義務教育，辦好學前教育、特殊教育和網路教育，普及高中階段教育，努力讓每個孩子都能享有公平而有品質的教育。完善職業教育和培訓體系，深化產教融合、校企合作。加快一流大學和一流學科建設，實現高等教育內涵式發展。健全學生資助制度，使絕大多數城鄉新增勞動力接受高中階段教育、更多接受高等教育。支援和規範社會力量興辦教育。加強師德師風建設，培養高素質教師隊伍，宣導全社會尊師重教。辦好繼續教育，加快建設學習型社會，大力提高國民素質。

（二）提高就業品質和人民收入水準。就業是最大的民生。要堅持就業優先戰略和積極就業政策，實現更高品質和更充分就業。大規模開展職業技能培訓，注重解決結構性就業矛盾，鼓勵創業帶動就業。提供全方位公共就業服務，促進高校畢業生等青年群體、農民工多管道就業創業。破除妨礙勞動力、人才社會性流動的體制機制弊端，使人人都有通過辛勤勞動實現自身發展的機會。完善政府、工會、企業共同參與的協商協調機制，構建和諧勞動關係。堅持按勞分配原則，完善按要素分配的體制機制，促進收入分配更合理、更有序。鼓勵勤勞守法致富，擴大中等收入群體，增加低收入者收入，調節過高收

入，取締非法收入。堅持在經濟增長的同時實現居民收入同步增長、在勞動生產率提高的同時實現勞動報酬同步提高。拓寬居民勞動收入和財產性收入管道。履行好政府再分配調節職能，加快推進基本公共服務均等化，縮小收入分配差距。

（三）加強社會保障體系建設。按照兜底線、織密網、建機制的要求，全面建成覆蓋全民、城鄉統籌、權責清晰、保障適度、可持續的多層次社會保障體系。全面實施全民參保計畫。完善城鎮職工基本養老保險和城鄉居民基本養老保險制度，儘快實現養老保險全國統籌。完善統一的城鄉居民基本醫療保險制度和大病保險制度。完善失業、工傷保險制度。建立全國統一的社會保險公共服務平臺。統籌城鄉社會救助體系，完善最低生活保障制度。堅持男女平等基本國策，保障婦女兒童合法權益。完善社會救助、社會福利、慈善事業、優撫安置等制度，健全農村留守兒童和婦女、老年人關愛服務體系。發展殘疾人事業，加強殘疾康復服務。堅持房子是用來住的、不是用來炒的定位，加快建立多主體供給、多管道保障、租購並舉的住房制度，讓全體人民住有所居。

（四）堅決打贏脫貧攻堅戰。讓貧困人口和貧困地區同全國一道進入全面小康社會是我們黨的莊嚴承諾。要動員全黨全國全社會力量，堅持精准扶貧、精准脫貧，堅持中央統籌省負總責市縣抓落實的工作機制，強化黨政一把手負總責的責任制，堅持大扶貧格局，注重扶貧同扶志、扶智相結合，深入實施東西部扶貧協作，重點攻克深度貧困地區脫貧任務，確保到二○二○年我國現行標準下農村貧困人口實現脫貧，貧困縣全部摘帽，解決區域性整體貧困，做到脫真貧、真脫貧。

（五）實施健康中國戰略。人民健康是民族昌盛和國家富強的重

要標誌。要完善國民健康政策，為人民群眾提供全方位全週期健康服務。深化醫藥衛生體制改革，全面建立中國特色基本醫療衛生制度、醫療保障制度和優質高效的醫療衛生服務體系，健全現代醫院管理制度。加強基層醫療衛生服務體系和全科醫生隊伍建設。全面取消以藥養醫，健全藥品供應保障制度。堅持預防為主，深入開展愛國衛生運動，宣導健康文明生活方式，預防控制重大疾病。實施食品安全戰略，讓人民吃得放心。堅持中西醫並重，傳承發展中醫藥事業。支持社會辦醫，發展健康產業。促進生育政策和相關經濟社會政策配套衛接，加強人口發展戰略研究。積極應對人口老齡化，構建養老、孝老、敬老政策體系和社會環境，推進醫養結合，加快老齡事業和產業發展。

（六）打造共建共治共用的社會治理格局。加強社會治理制度建設，完善黨委領導、政府負責、社會協同、公眾參與、法治保障的社會治理體制，提高社會治理社會化、法治化、智慧化、專業化水準。加強預防和化解社會矛盾機制建設，正確處理人民內部矛盾。樹立安全發展理念，弘揚生命至上、安全第一的思想，健全公共安全體系，完善安全生產責任制，堅決遏制重特大安全事故，提升防災減災救災能力。加快社會治安防控體系建設，依法打擊和懲治黃賭毒黑拐騙等違法犯罪活動，保護人民人身權、財產權、人格權。加強社會心理服務體系建設，培育自尊自信、理性平和、積極向上的社會心態。加強社區治理體系建設，推動社會治理重心向基層下移，發揮社會組織作用，實現政府治理和社會調節、居民自治良性互動。

（七）有效維護國家安全。國家安全是安邦定國的重要基石，維護國家安全是全國各族人民根本利益所在。要完善國家安全戰略和國

家安全政策，堅決維護國家政治安全，統籌推進各項安全工作。健全
國家安全體系，加強國家安全法治保障，提高防範和抵禦安全風險能
力。嚴密防範和堅決打擊各種滲透顛覆破壞活動、暴力恐怖活動、民
族分裂活動、宗教極端活動。加強國家安全教育，增強全黨全國人民
國家安全意識，推動全社會形成維護國家安全的強大合力。

　　同志們！黨的一切工作必須以最廣大人民根本利益為最高標準。
我們要堅持把人民群眾的小事當作自己的大事，從人民群眾關心的
事情做起，從讓人民群眾滿意的事情做起，帶領人民不斷創造美好
生活！

九、加快生態文明體制改革，建設美麗中國

　　人與自然是生命共同體，人類必須尊重自然、順應自然、保護自
然。人類只有遵循自然規律才能有效防止在開發利用自然上走彎路，
人類對大自然的傷害最終會傷及人類自身，這是無法抗拒的規律。

　　我們要建設的現代化是人與自然和諧共生的現代化，既要創造
更多物質財富和精神財富以滿足人民日益增長的美好生活需要，也要
提供更多優質生態產品以滿足人民日益增長的優美生態環境需要。必
須堅持節約優先、保護優先、自然恢復為主的方針，形成節約資源和
保護環境的空間格局、產業結構、生產方式、生活方式，還自然以寧
靜、和諧、美麗。

　　（一）推進綠色發展。加快建立綠色生產和消費的法律制度和
政策導向，建立健全綠色低碳循環發展的經濟體系。構建市場導向的
綠色技術創新體系，發展綠色金融，壯大節能環保產業、清潔生產產

業、清潔能源產業。推進能源生產和消費革命，構建清潔低碳、安全高效的能源體系。推進資源全面節約和循環利用，實施國家節水行動，降低能耗、物耗，實現生產系統和生活系統循環連結。宣導簡約適度、綠色低碳的生活方式，反對奢侈浪費和不合理消費，開展創建節約型機關、綠色家庭、綠色學校、綠色社區和綠色出行等行動。

（二）著力解決突出環境問題。堅持全民共治、源頭防治，持續實施大氣污染防治行動，打贏藍天保衛戰。加快水污染防治，實施流域環境和近岸海域綜合治理。強化土壤污染管控和修復，加強農業面源污染防治，開展農村人居環境整治行動。加強固體廢棄物和垃圾處置。提高污染排放標準，強化排汙者責任，健全環保信用評價、資訊強制性披露、嚴懲重罰等制度。構建政府為主導、企業為主體、社會組織和公眾共同參與的環境治理體系。積極參與全球環境治理，落實減排承諾。

（三）加大生態系統保護力度。實施重要生態系統保護和修復重大工程，優化生態安全屏障體系，構建生態廊道和生物多樣性保護網絡，提升生態系統品質和穩定性。完成生態保護紅線、永久基本農田、城鎮開發邊界三條控制線劃定工作。開展國土綠化行動，推進荒漠化、石漠化、水土流失綜合治理，強化濕地保護和恢復，加強地質災害防治。完善天然林保護制度，擴大退耕還林還草。嚴格保護耕地，擴大輪作休耕試點，健全耕地草原森林河流湖泊休養生息制度，建立市場化、多元化生態補償機制。

（四）改革生態環境監管體制。加強對生態文明建設的總體設計和組織領導，設立國有自然資源資產管理和自然生態監管機構，完善生態環境管理制度，統一行使全民所有自然資源資產所有者職責，統

一行使所有國土空間用途管制和生態保護修復職責,統一行使監管城鄉各類污染排放和行政執法職責。構建國土空間開發保護制度,完善主體功能區配套政策,建立以國家公園為主體的自然保護地體系。堅決制止和懲處破壞生態環境行為。

同志們!生態文明建設功在當代、利在千秋。我們要牢固樹立社會主義生態文明觀,推動形成人與自然和諧發展現代化建設新格局,為保護生態環境作出我們這代人的努力!

十、堅持走中國特色強軍之路,全面推進國防和軍隊現代化

國防和軍隊建設正站在新的歷史起點上。面對國家安全環境的深刻變化,面對強國強軍的時代要求,必須全面貫徹新時代黨的強軍思想,貫徹新形勢下軍事戰略方針,建設強大的現代化陸軍、海軍、空軍、火箭軍和戰略支援部隊,打造堅強高效的戰區聯合作戰指揮機構,構建中國特色現代作戰體系,擔當起黨和人民賦予的新時代使命任務。

適應世界新軍事革命發展趨勢和國家安全需求,提高建設品質和效益,確保到二〇二〇年基本實現機械化,資訊化建設取得重大進展,戰略能力有大的提升。同國家現代化進程相一致,全面推進軍事理論現代化、軍隊組織形態現代化、軍事人員現代化、武器裝備現代化,力爭到二〇三五年基本實現國防和軍隊現代化,到本世紀中葉把人民軍隊全面建成世界一流軍隊。

加強軍隊黨的建設,開展「傳承紅色基因、擔當強軍重任」主題

教育，推進軍人榮譽體系建設，培養有靈魂、有本事、有血性、有品德的新時代革命軍人，永葆人民軍隊性質、宗旨、本色。繼續深化國防和軍隊改革，深化軍官職業化制度、文職人員制度、兵役制度等重大政策制度改革，推進軍事管理革命，完善和發展中國特色社會主義軍事制度。樹立科技是核心戰鬥力的思想，推進重大技術創新、自主創新，加強軍事人才培養體系建設，建設創新型人民軍隊。全面從嚴治軍，推動治軍方式根本性轉變，提高國防和軍隊建設法治化水準。

軍隊是要準備打仗的，一切工作都必須堅持戰鬥力標準，向能打仗、打勝仗聚焦。扎實做好各戰略方向軍事鬥爭準備，統籌推進傳統安全領域和新型安全領域軍事鬥爭準備，發展新型作戰力量和保障力量，開展實戰化軍事訓練，加強軍事力量運用，加快軍事智慧化發展，提高基於網路資訊體系的聯合作戰能力、全域作戰能力，有效塑造態勢、管控危機、遏制戰爭、打贏戰爭。

堅持富國和強軍相統一，強化統一領導、頂層設計、改革創新和重大項目落實，深化國防科技工業改革，形成軍民融合深度發展格局，構建一體化的國家戰略體系和能力。完善國防動員體系，建設強大穩固的現代邊海空防。組建退役軍人管理保障機構，維護軍人軍屬合法權益，讓軍人成為全社會尊崇的職業。深化武警部隊改革，建設現代化武裝員警部隊。

同志們！我們的軍隊是人民軍隊，我們的國防是全民國防。我們要加強全民國防教育，鞏固軍政軍民團結，為實現中國夢強軍夢凝聚強大力量！

十一、堅持「一國兩制」，推進祖國統一

香港、澳門回歸祖國以來，「一國兩制」實踐取得舉世公認的成功。事實證明，「一國兩制」是解決歷史遺留的香港、澳門問題的最佳方案，也是香港、澳門回歸後保持長期繁榮穩定的最佳制度。

保持香港、澳門長期繁榮穩定，必須全面準確貫徹「一國兩制」、「港人治港」、「澳人治澳」、高度自治的方針，嚴格依照憲法和基本法辦事，完善與基本法實施相關的制度和機制。要支持特別行政區政府和行政長官依法施政、積極作為，團結帶領香港、澳門各界人士齊心協力謀發展、促和諧，保障和改善民生，有序推進民主，維護社會穩定，履行維護國家主權、安全、發展利益的憲制責任。香港、澳門發展同內地發展緊密相連。要支持香港、澳門融入國家發展大局，以粵港澳大灣區建設、粵港澳合作、泛珠三角區域合作等為重點，全面推進內地同香港、澳門互利合作，制定完善便利香港、澳門居民在內地發展的政策措施。

我們堅持愛國者為主體的「港人治港」、「澳人治澳」，發展壯大愛國愛港愛澳力量，增強香港、澳門同胞的國家意識和愛國精神，讓香港、澳門同胞同祖國人民共擔民族復興的歷史責任、共用祖國繁榮富強的偉大榮光。

解決臺灣問題、實現祖國完全統一，是全體中華兒女共同願望，是中華民族根本利益所在。必須繼續堅持「和平統一、一國兩制」方針，推動兩岸關係和平發展，推進祖國和平統一進程。

一個中國原則是兩岸關係的政治基礎。體現一個中國原則的「九二共識」明確界定了兩岸關係的根本性質，是確保兩岸關係和平發展的

關鍵。承認「九二共識」的歷史事實，認同兩岸同屬一個中國，兩岸雙方就能開展對話，協商解決兩岸同胞關心的問題，臺灣任何政黨和團體同大陸交往也不會存在障礙。

兩岸同胞是命運與共的骨肉兄弟，是血濃於水的一家人。我們秉持「兩岸一家親」理念，尊重臺灣現有的社會制度和臺灣同胞生活方式，願意率先同臺灣同胞分享大陸發展的機遇。我們將擴大兩岸經濟文化交流合作，實現互利互惠，逐步為臺灣同胞在大陸學習、創業、就業、生活提供與大陸同胞同等的待遇，增進臺灣同胞福祉。我們將推動兩岸同胞共同弘揚中華文化，促進心靈契合。

我們堅決維護國家主權和領土完整，絕不容忍國家分裂的歷史悲劇重演。一切分裂祖國的活動都必將遭到全體中國人堅決反對。我們有堅定的意志、充分的信心、足夠的能力挫敗任何形式的「臺獨」分裂圖謀。我們絕不允許任何人、任何組織、任何政黨、在任何時候、以任何形式、把任何一塊中國領土從中國分裂出去！

同志們！實現中華民族偉大復興，是全體中國人共同的夢想。我們堅信，只要包括港澳臺同胞在內的全體中華兒女順應歷史大勢、共擔民族大義，把民族命運牢牢掌握在自己手中，就一定能夠共創中華民族偉大復興的美好未來！

十二、堅持和平發展道路，推動構建人類命運共同體

中國共產黨是為中國人民謀幸福的政黨，也是為人類進步事業而奮鬥的政黨。中國共產黨始終把為人類作出新的更大的貢獻作為自己的使命。

中國將高舉和平、發展、合作、共贏的旗幟，恪守維護世界和平、促進共同發展的外交政策宗旨，堅定不移在和平共處五項原則基礎上發展同各國的友好合作，推動建設相互尊重、公平正義、合作共贏的新型國際關係。

世界正處於大發展大變革大調整時期，和平與發展仍然是時代主題。世界多極化、經濟全球化、社會資訊化、文化多樣化深入發展，全球治理體系和國際秩序變革加速推進，各國相互聯繫和依存日益加深，國際力量對比更趨平衡，和平發展大勢不可逆轉。同時，世界面臨的不穩定性不確定性突出，世界經濟增長動能不足，貧富分化日益嚴重，地區熱點問題此起彼伏，恐怖主義、網路安全、重大傳染性疾病、氣候變化等非傳統安全威脅持續蔓延，人類面臨許多共同挑戰。

我們生活的世界充滿希望，也充滿挑戰。我們不能因現實複雜而放棄夢想，不能因理想遙遠而放棄追求。沒有哪個國家能夠獨自應對人類面臨的各種挑戰，也沒有哪個國家能夠退回到自我封閉的孤島。我們呼籲，各國人民同心協力，構建人類命運共同體，建設持久和平、普遍安全、共同繁榮、開放包容、清潔美麗的世界。要相互尊重、平等協商，堅決摒棄冷戰思維和強權政治，走對話而不對抗、結伴而不結盟的國與國交往新路。要堅持以對話解決爭端、以協商化解分歧，統籌應對傳統和非傳統安全威脅，反對一切形式的恐怖主義。要同舟共濟，促進貿易和投資自由化便利化，推動經濟全球化朝著更加開放、包容、普惠、平衡、共贏的方向發展。要尊重世界文明多樣性，以文明交流超越文明隔閡、文明互鑒超越文明衝突、文明共存超越文明優越。要堅持環境友好，合作應對氣候變化，保護好人類賴以生存的地球家園。

中國堅定奉行獨立自主的和平外交政策，尊重各國人民自主選擇發展道路的權利，維護國際公平正義，反對把自己的意志強加於人，反對干涉別國內政，反對以強淩弱。中國決不會以犧牲別國利益為代價來發展自己，也決不放棄自己的正當權益，任何人不要幻想讓中國吞下損害自身利益的苦果。中國奉行防禦性的國防政策。中國發展不對任何國家構成威脅。中國無論發展到什麼程度，永遠不稱霸，永遠不搞擴張。

中國積極發展全球夥伴關係，擴大同各國的利益交匯點，推進大國協調和合作，構建總體穩定、均衡發展的大國關係框架，按照親誠惠容理念和與鄰為善、以鄰為伴周邊外交方針深化同周邊國家關係，秉持正確義利觀和真實親誠理念加強同發展中國家團結合作。加強同各國政黨和政治組織的交流合作，推進人大、政協、軍隊、地方、人民團體等的對外交往。

中國堅持對外開放的基本國策，堅持打開國門搞建設，積極促進「一帶一路」國際合作，努力實現政策溝通、設施聯通、貿易暢通、資金融通、民心相通，打造國際合作新平臺，增添共同發展新動力。加大對發展中國家特別是最不發達國家援助力度，促進縮小南北發展差距。中國支援多邊貿易體制，促進自由貿易區建設，推動建設開放型世界經濟。

中國秉持共商共建共用的全球治理觀，宣導國際關係民主化，堅持國家不分大小、強弱、貧富一律平等，支持聯合國發揮積極作用，支援擴大發展中國家在國際事務中的代表性和發言權。中國將繼續發揮負責任大國作用，積極參與全球治理體系改革和建設，不斷貢獻中國智慧和力量。

同志們！世界命運握在各國人民手中，人類前途繫於各國人民的抉擇。中國人民願同各國人民一道，推動人類命運共同體建設，共同創造人類的美好未來！

十三、堅定不移全面從嚴治黨，不斷提高黨的執政能力和領導水準

中國特色社會主義進入新時代，我們黨一定要有新氣象新作為。打鐵必須自身硬。黨要團結帶領人民進行偉大鬥爭、推進偉大事業、實現偉大夢想，必須毫不動搖堅持和完善黨的領導，毫不動搖把黨建設得更加堅強有力。

全面從嚴治黨永遠在路上。一個政黨，一個政權，其前途命運取決于人心向背。人民群眾反對什麼、痛恨什麼，我們就要堅決防範和糾正什麼。全黨要清醒認識到，我們黨面臨的執政環境是複雜的，影響黨的先進性、弱化黨的純潔性的因素也是複雜的，黨內存在的思想不純、組織不純、作風不純等突出問題尚未得到根本解決。要深刻認識黨面臨的執政考驗、改革開放考驗、市場經濟考驗、外部環境考驗的長期性和複雜性，深刻認識黨面臨的精神懈怠危險、能力不足危險、脫離群眾危險、消極腐敗危險的尖銳性和嚴峻性，堅持問題導向，保持戰略定力，推動全面從嚴治黨向縱深發展。

新時代黨的建設總要求是：堅持和加強黨的全面領導，堅持黨要管黨、全面從嚴治黨，以加強黨的長期執政能力建設、先進性和純潔性建設為主線，以黨的政治建設為統領，以堅定理想信念宗旨為根基，以調動全黨積極性、主動性、創造性為著力點，全面推進黨的政

治建設、思想建設、組織建設、作風建設、紀律建設，把制度建設貫穿其中，深入推進反腐敗鬥爭，不斷提高黨的建設品質，把黨建設成為始終走在時代前列、人民衷心擁護、勇於自我革命、經得起各種風浪考驗、朝氣蓬勃的馬克思主義執政黨。

（一）把黨的政治建設擺在首位。旗幟鮮明講政治是我們黨作為馬克思主義政黨的根本要求。黨的政治建設是黨的根本性建設，決定黨的建設方向和效果。保證全黨服從中央，堅持黨中央權威和集中統一領導，是黨的政治建設的首要任務。全黨要堅定執行黨的政治路線，嚴格遵守政治紀律和政治規矩，在政治立場、政治方向、政治原則、政治道路上同黨中央保持高度一致。要尊崇黨章，嚴格執行新形勢下黨內政治生活若干準則，增強黨內政治生活的政治性、時代性、原則性、戰鬥性，自覺抵制商品交換原則對黨內生活的侵蝕，營造風清氣正的良好政治生態。完善和落實民主集中制的各項制度，堅持民主基礎上的集中和集中指導下的民主相結合，既充分發揚民主，又善于集中統一。弘揚忠誠老實、公道正派、實事求是、清正廉潔等價值觀，堅決防止和反對個人主義、分散主義、自由主義、本位主義、好人主義，堅決防止和反對宗派主義、圈子文化、碼頭文化，堅決反對搞兩面派、做兩面人。全黨同志特別是高級幹部要加強黨性鍛煉，不斷提高政治覺悟和政治能力，把對黨忠誠、為黨分憂、為黨盡職、為民造福作為根本政治擔當，永葆共產黨人政治本色。

（二）用新時代中國特色社會主義思想武裝全黨。思想建設是黨的基礎性建設。革命理想高於天。共產主義遠大理想和中國特色社會主義共同理想，是中國共產黨人的精神支柱和政治靈魂，也是保持黨的團結統一的思想基礎。要把堅定理想信念作為黨的思想建設的首要

任務，教育引導全黨牢記黨的宗旨，挺起共產黨人的精神脊梁，解決好世界觀、人生觀、價值觀這個「總開關」問題，自覺做共產主義遠大理想和中國特色社會主義共同理想的堅定信仰者和忠實實踐者。弘揚馬克思主義學風，推進「兩學一做」學習教育常態化制度化，以縣處級以上領導幹部為重點，在全黨開展「不忘初心、牢記使命」主題教育，用黨的創新理論武裝頭腦，推動全黨更加自覺地為實現新時代黨的歷史使命不懈奮鬥。

（三）建設高素質專業化幹部隊伍。黨的幹部是黨和國家事業的中堅力量。要堅持黨管幹部原則，堅持德才兼備、以德為先，堅持五湖四海、任人唯賢，堅持事業為上、公道正派，把好幹部標準落到實處。堅持正確選人用人導向，匡正選人用人風氣，突出政治標準，提拔重用牢固樹立「四個意識」和「四個自信」、堅決維護黨中央權威、全面貫徹執行黨的理論和路線方針政策、忠誠乾淨擔當的幹部，選優配強各級領導班子。注重培養專業能力、專業精神，增強幹部隊伍適應新時代中國特色社會主義發展要求的能力。大力發現儲備年輕幹部，注重在基層一線和困難艱苦的地方培養鍛煉年輕幹部，源源不斷選拔使用經過實踐考驗的優秀年輕幹部。統籌做好培養選拔女幹部、少數民族幹部和黨外幹部工作。認真做好離退休幹部工作。堅持嚴管和厚愛結合、激勵和約束並重，完善幹部考核評價機制，建立激勵機制和容錯糾錯機制，旗幟鮮明為那些敢於擔當、踏實做事、不謀私利的幹部撐腰鼓勁。各級黨組織要關心愛護基層幹部，主動為他們排憂解難。

人才是實現民族振興、贏得國際競爭主動的戰略資源。要堅持黨管人才原則，聚天下英才而用之，加快建設人才強國。實行更加積

極、更加開放、更加有效的人才政策，以識才的慧眼、愛才的誠意、用才的膽識、容才的雅量、聚才的良方，把黨內和黨外、國內和國外各方面優秀人才集聚到黨和人民的偉大奮鬥中來，鼓勵引導人才向邊遠貧困地區、邊疆民族地區、革命老區和基層一線流動，努力形成人人渴望成才、人人努力成才、人人皆可成才、人人盡展其才的良好局面，讓各類人才的創造活力競相迸發、聰明才智充分湧流。

（四）加強基層組織建設。黨的基層組織是確保黨的路線方針政策和決策部署貫徹落實的基礎。要以提升組織力為重點，突出政治功能，把企業、農村、機關、學校、科研院所、街道社區、社會組織等基層黨組織建設成為宣傳黨的主張、貫徹黨的決定、領導基層治理、團結動員群眾、推動改革發展的堅強戰鬥堡壘。黨支部要擔負好直接教育黨員、管理黨員、監督黨員和組織群眾、宣傳群眾、凝聚群眾、服務群眾的職責，引導廣大黨員發揮先鋒模範作用。堅持「三會一課」制度，推進黨的基層組織設置和活動方式創新，加強基層黨組織帶頭人隊伍建設，擴大基層黨組織覆蓋面，著力解決一些基層黨組織弱化、虛化、邊緣化問題。擴大黨內基層民主，推進黨務公開，暢通黨員參與黨內事務、監督黨的組織和幹部、向上級黨組織提出意見和建議的管道。注重從產業工人、青年農民、高知識群體中和在非公有制經濟組織、社會組織中發展黨員。加強黨內激勵關懷幫扶。增強黨員教育管理針對性和有效性，穩妥有序開展不合格黨員組織處置工作。

（五）持之以恆正風肅紀。我們黨來自人民、植根人民、服務人民，一旦脫離群眾，就會失去生命力。加強作風建設，必須緊緊圍繞保持黨同人民群眾的血肉聯繫，增強群眾觀念和群眾感情，不斷厚植黨執政的群眾基礎。凡是群眾反映強烈的問題都要嚴肅認真對待，凡

是損害群眾利益的行為都要堅決糾正。堅持以上率下，鞏固拓展落實中央八項規定精神成果，繼續整治「四風」問題，堅決反對特權思想和特權現象。重點強化政治紀律和組織紀律，帶動廉潔紀律、群眾紀律、工作紀律、生活紀律嚴起來。堅持開展批評和自我批評，堅持懲前毖後、治病救人，運用監督執紀「四種形態」，抓早抓小、防微杜漸。賦予有幹部管理許可權的黨組相應紀律處分權限，強化監督執紀問責。加強紀律教育，強化紀律執行，讓黨員、幹部知敬畏、存戒懼、守底線，習慣在受監督和約束的環境中工作生活。

（六）奪取反腐敗鬥爭壓倒性勝利。人民群眾最痛恨腐敗現象，腐敗是我們黨面臨的最大威脅。只有以反腐敗永遠在路上的堅韌和執著，深化標本兼治，保證幹部清正、政府清廉、政治清明，才能跳出歷史週期率，確保黨和國家長治久安。當前，反腐敗鬥爭形勢依然嚴峻複雜，鞏固壓倒性態勢、奪取壓倒性勝利的決心必須堅如磐石。要堅持無禁區、全覆蓋、零容忍，堅持重遏制、強高壓、長震懾，堅持受賄行賄一起查，堅決防止黨內形成利益集團。在市縣黨委建立巡察制度，加大整治群眾身邊腐敗問題力度。不管腐敗分子逃到哪裡，都要緝拿歸案、繩之以法。推進反腐敗國家立法，建設覆蓋紀檢監察系統的檢舉舉報平臺。強化不敢腐的震懾，紮牢不能腐的籠子，增強不想腐的自覺，通過不懈努力換來海晏河清、朗朗乾坤。

（七）健全黨和國家監督體系。增強黨自我淨化能力，根本靠強化黨的自我監督和群眾監督。要加強對權力運行的制約和監督，讓人民監督權力，讓權力在陽光下運行，把權力關進制度的籠子。強化自上而下的組織監督，改進自下而上的民主監督，發揮同級相互監督作用，加強對黨員領導幹部的日常管理監督。深化政治巡視，堅持發現

問題、形成震懾不動搖,建立巡視巡察上下聯動的監督網。深化國家監察體制改革,將試點工作在全國推開,組建國家、省、市、縣監察委員會,同黨的紀律檢查機關合署辦公,實現對所有行使公權力的公職人員監察全覆蓋。制定國家監察法,依法賦予監察委員會職責許可權和調查手段,用留置取代「兩規」措施。改革審計管理體制,完善統計體制。構建黨統一指揮、全面覆蓋、權威高效的監督體系,把黨內監督同國家機關監督、民主監督、司法監督、群眾監督、輿論監督貫通起來,增強監督合力。

(八)全面增強執政本領。領導十三億多人的社會主義大國,我們黨既要政治過硬,也要本領高強。要增強學習本領,在全黨營造善於學習、勇於實踐的濃厚氛圍,建設馬克思主義學習型政黨,推動建設學習大國。增強政治領導本領,堅持戰略思維、創新思維、辯證思維、法治思維、底線思維,科學制定和堅決執行黨的路線方針政策,把黨總攬全域、協調各方落到實處。增強改革創新本領,保持銳意進取的精神風貌,善於結合實際創造性推動工作,善於運用互聯網技術和資訊化手段開展工作。增強科學發展本領,善於貫徹新發展理念,不斷開創發展新局面。增強依法執政本領,加快形成覆蓋黨的領導和黨的建設各方面的黨內法規制度體系,加強和改善對國家政權機關的領導。增強群眾工作本領,創新群眾工作體制機制和方式方法,推動工會、共青團、婦聯等群團組織增強政治性、先進性、群眾性,發揮聯繫群眾的橋樑紐帶作用,組織動員廣大人民群眾堅定不移跟黨走。增強狠抓落實本領,堅持說實話、謀實事、出實招、求實效,把雷厲風行和久久為功有機結合起來,勇於攻堅克難,以釘釘子精神做實做細做好各項工作。增強駕馭風險本領,健全各方面風險防控機制,善

於處理各種複雜矛盾，勇於戰勝前進道路上的各種艱難險阻，牢牢把握工作主動權。

同志們！偉大的事業必須有堅強的黨來領導。只要我們黨把自身建設好、建設強，確保黨始終同人民想在一起、幹在一起，就一定能夠引領承載著中國人民偉大夢想的航船破浪前進，勝利駛向光輝的彼岸！

同志們！中華民族是歷經磨難、不屈不撓的偉大民族，中國人民是勤勞勇敢、自強不息的偉大人民，中國共產黨是敢於鬥爭、敢於勝利的偉大政黨。歷史車輪滾滾向前，時代潮流浩浩蕩蕩。歷史只會眷顧堅定者、奮進者、搏擊者，而不會等待猶豫者、懈怠者、畏難者。全黨一定要保持艱苦奮鬥、戒驕戒躁的作風，以時不我待、只爭朝夕的精神，奮力走好新時代的長征路。全黨一定要自覺維護黨的團結統一，保持黨同人民群眾的血肉聯繫，鞏固全國各族人民大團結，加強海內外中華兒女大團結，團結一切可以團結的力量，齊心協力走向中華民族偉大復興的光明前景。青年興則國家興，青年強則國家強。青年一代有理想、有本領、有擔當，國家就有前途，民族就有希望。中國夢是歷史的、現實的，也是未來的；是我們這一代的，更是青年一代的。中華民族偉大復興的中國夢終將在一代代青年的接力奮鬥中變為現實。全黨要關心和愛護青年，為他們實現人生出彩搭建舞臺。廣大青年要堅定理想信念，志存高遠，腳踏實地，勇做時代的弄潮兒，在實現中國夢的生動實踐中放飛青春夢想，在為人民利益的不懈奮鬥中書寫人生華章！

大道之行，天下為公。站立在九百六十多萬平方公里的廣袤土地上，吸吮著五千多年中華民族漫長奮鬥積累的文化養分，擁有十三億

多中國人民聚合的磅礴之力，我們走中國特色社會主義道路，具有無比廣闊的時代舞臺，具有無比深厚的歷史底蘊，具有無比強大的前進定力。全黨全國各族人民要緊密團結在黨中央周圍，高舉中國特色社會主義偉大旗幟，銳意進取，埋頭苦幹，為實現推進現代化建設、完成祖國統一、維護世界和平與促進共同發展三大歷史任務，為決勝全面建成小康社會、奪取新時代中國特色社會主義偉大勝利、實現中華民族偉大復興的中國夢、實現人民對美好生活的嚮往繼續奮鬥！

（新華社北京 10 月 27 日電）

（《人民日報》2017 年 10 月 28 日 01 版）

新社會主義研究叢刊　AA201029

道路——新時代中國特色社會主義道路

作　　者　賀新元
版權策劃　李換芹

發 行 人　林慶彰
總 經 理　梁錦興
總 編 輯　張晏瑞
編 輯 所　萬卷樓圖書（股）公司
排　　版　小漁
封面設計　小漁
印　　刷　百通科技（股）公司

出　　版　昌明文化有限公司
　　　　　桃園市龜山區中原街 32 號
電　　話　(02)23216565
發　　行　萬卷樓圖書（股）公司
　　　　　臺北市羅斯福路二段 41 號 6 樓之 3
電　　話　(02)23216565
傳　　真　(02)23218698
電　　郵　SERVICE@WANJUAN.COM.TW
大陸經銷
廈門外圖臺灣書店有限公司
電郵 JKB188@188.COM

ISBN 978-986-496-565-6（平裝）
2020 年 4 月初版一刷
定價：新臺幣 400 元

如何購買本書：
1. 劃撥購書，請透過以下帳號
　　帳號：15624015
　　戶名：萬卷樓圖書股份有限公司
2. 轉帳購書，請透過以下帳戶
　　合作金庫銀行古亭分行
　　戶名：萬卷樓圖書股份有限公司
　　帳號：0877717092596
3. 網路購書，請透過萬卷樓網站
　　網址 WWW.WANJUAN.COM.TW
　　大量購書，請直接聯繫，將有專人
　　為您服務。(02)23216565 分機 610

如有缺頁、破損或裝訂錯誤，請寄回
更換

國家圖書館出版品預行編目資料

道路：新時代中國特色社會主義道路 /
賀新元著 .-- 初版 .-- 桃園市：昌明
文化出版 ；臺北市 ： 萬卷樓發行，
2020.04
面 ； 公分
ISBN 978-986-496-565-6（平裝）
1. 社會主義　2. 中國大陸研究

549.22　　　　　　　　　　109003883

《道路——新時代中國特色社會主義道路》© 簡體中文版2018年1月第1版　人民日報出版社
本著作物經廈門墨客知識產權代理有限公司代理，由人民日報出版社有限責任公司授權萬卷樓圖書股份
有限公司（臺灣）出版、發行中文繁體字版版權。